非自卑者
驅動力

(den)

馬登 ── 著

邊曉華 ── 譯

魔鏡原理 × 流浪貓意識
大腦效率 × 吸引力定律
跟著成功學大師培養積極思考力，
讓你的每一瞬間都帶著正面情緒！

YOU CAN,
BUT WILL YOU?

拋棄自卑、堅持自我、
養成習慣、忠於理想……

成功學先驅
奧里森‧馬登
給「不自信者」的
人生新哲學！

目錄

CONTENTS

譯者序

　　世上的成功者無數，但他們中沒有一個是悲觀者。

　　您也許聽說過美國著名的「吸引力定律」，本書所講述的內容正是這條風靡全球的定律的出處。

　　每個人都是一座寶庫，裡面蘊藏著無盡的資源。開啟寶庫的鑰匙不是父母、不是學校、也不是社會，而是我們自己。

　　究竟是誰決定著我們的一切？家庭背景，教育程度，還是上帝？都不是，是我們自己。

　　愛能治癒一切思想痼疾。

　　勇氣將打破所有困難堅冰。

　　在這本書的翻譯過程中，譯者不止一次被感動得熱淚盈眶。

　　馬登激勵了一代美國人，不知為何，我竟然覺得這本書與我「相見恨晚」。

本書謹獻給約瑟夫·L.格林鮑姆，
我的以及每個人的朋友。

第一章

生活中的魔鏡原理

> 人們常常因為不了解自己的弱點而受到責備，然而更多的時候，人們卻恰恰不了解自己的優勢所在。人好似一片土地，有時候自己並不知道自己竟然還潛藏著一座金礦。
>
> —— 強納森・史威夫特[01]

傳說中有一面能夠帶來奇蹟的魔鏡，於是來自世界各地的朝聖者都紛紛前來，希望能夠照上一照。據說這面魔鏡能夠讓你看到真實的自我，魔鏡中的你也許並不是你的朋友或敵人所看到的那樣。

有一次，一個朝聖者來到魔鏡旁邊。他是個極為謙遜之人，甚至還有點看不起自己，他從來沒有想過自己會在這個世上做出什麼驚人之舉，但是他卻驚奇地在魔鏡中看到一個全然不曾想到過的自己。

在魔鏡中，他清楚地看到了自己的形象，一個完全不同的形象，強壯、自立、渾身散發著男性的魅力。他並沒有看到自己認為的那些弱點和缺點，他的能力也絲毫都不亞於任何人。在魔鏡中，他的臉部和在自己在家中所看到的也截然不同，那是另外一張臉，找不到任何瑕疵，也看不到虛弱的線條，但這張臉卻和他的臉極為相似。他驚異地看著魔鏡中

01　強納森・史威夫特 (Jonathan Swift, 1667-1745)，愛爾蘭神職人員、政治小冊作者、諷刺作家、作家、詩人和激進分子。他作為一名諷刺文學大師，以《格列佛遊記》和《桶的故事》等作品聞名於世。其他作品有：《斯特拉日記》、《書的戰爭》、《布商的信》、《一個小小的建議》等。

的自己，形象越來越清晰，最後，他終於意識到，那是他的另外一個自我，一個更高層次的自我，這個自我已經等待他許多年了。魔鏡中這個優秀的人正是上帝期望他成為的那個人，他極有可能成為眼前看到的這個人，而不是自己心中那個軟弱的、渺小的他！

魔鏡中的形象深深地留在了朝聖者的腦海中，令他一直無法忘卻，因此他不停地努力，要將自己打造成魔鏡中的形象。他不斷提高自我要求的標準，透過各種途徑克服自己的弱點、改正自己的錯誤、提升自己的外表形象，與此同時，魔鏡中那驚鴻一瞥留給他的印象也漸漸成為他生活中的一部分。

最後，一直存在於他腦海中的那個完美形象終於變成了現實，取代了當初那個膽小、怯懦、自卑的他，沒用幾年的時間，他的整個外在形象、內在思想，他的舉止、風度，他的一切都發生了徹底的改變，一直到今天，他仍在不斷進步。實際上，他現在比魔鏡中所看到的那個人還要棒。不僅如此，這幾年來，他的事業蒸蒸日上，獲得的成功也遠遠超出了自己的預期。即便在這個時候，他仍然說自己才剛剛開始發揮潛力。

倘若有人告訴你，你可以看看魔鏡中的自己，它會告訴你，你將成為一個大有前途的人，而不是自己想像中的弱者，那麼，你願意盡自己最大的努力來獲得這份優勢，實現

魔鏡的預言嗎？

　　或許你並不知道，這正是現代生活哲學將帶給你的影響，它讓你擁有一個全新的概念，讓你明白人類和造物主之間有著千絲萬縷的連繫。它會讓你看到另一個更強大、更高尚的自我，也就是你想要成為的那一個人，但是，種族信仰或遺傳特徵等諸多不利因素會影響你，讓你遲遲未能發現它的存在。它不僅會告訴你，在你自認為渺小的自我之下，還潛藏著一個極具潛力的自己，它還會告訴你，你能取得什麼樣的成就。它不會將你做過的小事顯示給你，它將顯示給你的，是要去做的大事。

　　這種新的生活哲學要遠勝於傳說中的魔鏡，因為它不會將那個令你失望的人、無法實現最初承諾的人、毀掉你的志向的人呈現在你面前。它也不會顯示出一個軟弱無能、膽小怕事、缺乏自信、一事無成的人。他就像是一道思想 X 光，穿過表面的你，探測到你深層的內容，它能發現你未曾開採過的寶礦，它能看到你潛在的可能性與有待發展的能力。它將告訴你，你有自己的能力，從而樹立起你對自己的信心，幫助你最大限度發揮自己的能力，讓你實現自己渴望已久的願望，成為理想中的人。

　　在這個世界上，最具難度的一件事就是讓人們相信自己是一個了不起的人，讓人們相信自己的能力。如果我們對自

己潛在的能力有更全面的了解，更信任自己，那麼，就算是那些已經取得一定成就的人，他們仍能夠獲得更大的成功。如果我們更加了解人類的神聖，我們一定會有更強的自信。一些守舊的、正統的理念認為人類是微不足道的，這種理念削弱了我們固有的能力。然而，人類是上帝的傑作，人類根本不可能是卑微的，一切卑微的思想都是人類強加給自己的，上帝製造的東西是完美的。但問題就在於，大多數按著上帝的意願所創造出來的人類，僅僅在進行著一場場拙劣的表演，其原因就是對自己沒有堅定的信心，不了解人類非凡的潛能。所有的自卑感、所有的失敗都源於我們沒有看到自己和上帝之間的親屬關係。

一位已經離開大學多年的哈佛畢業生在最近寫給我的一封信中說，因為他缺乏自信，所以每週的收入從來沒有超出過十二美元。一位普林斯頓的大學畢業生說，除了較短的一段時期之外，他每天的收入從來沒有超過兩美元。這兩個人都具備一流的知識水準，不論從腦力上還是體力上來說，都應該是能夠做出一番大事業、取得巨大成功的人。但他們都是失敗者，只因為他們不敢承擔責任，他們的膽怯和缺乏自信將自己的效率破壞殆盡。從他們獲得的物質資料來看，他們所受的教育、他們健康的體魄、他們的天賦才能都統統被埋沒了，只因他們對自己的信心不足。除非他們看到了自己

作為上帝之子身上所具有的非凡特質，除非他們做出一些改變，否則，他們將一事無成，永遠是一個失敗者。

　　新的生活哲學這面魔鏡讓我們能夠將自己看作是上帝的孩子，上帝將祂無窮的力量賜予我們，它告訴我們，自卑是一種罪惡，人生來就是一個征服者，而不是一個奴隸；是一個成功者，而不是一個失敗者。要充分利用上帝賦予我們與生俱來的非凡力量，以最大的程度發掘自己的潛力，而不是像大多數人那樣，長期運行在自己的能力之下。如果你的情形和前面提到的哈佛、普林斯頓大學的那兩位畢業生差不多，因無法取得進步而感到失意、鬱悶，總處在不利的情形之下，那麼，這種新的生活哲學能夠對你產生最大的助益。它將有助你成就理想中的你，那個上帝早已計劃好的更充實、更偉大的你。它能夠幫助你將以往那個不成功、平庸的你踩在腳下；它將有助於你實現和發展自己的潛能，不再像過去那樣胸無大志，只著眼於簡單的工作。

　　現在，你心中那個給你力量和支持的形象，那個你神交已久的形象正是理想中的你自己，你將逐漸接近他，並在思想模式上超越他，然後重新樹立一個更強大的自我，直到你徹底脫胎換骨，成為你理想中的、你渴望已久的經典形象為止。你能做到，因為這就是你本來的面目。換句話說，只要你心中還留有那個有缺陷的、能力平平的舊形象，你就無法

繼續前進。如果你想要向上爬，想要擺脫自己為自己設定好的陳規俗套的束縛，你就必須和那個舊的自我徹底脫離關係，舊的自我從來都看不到你的潛能，總是在阻撓你的志向，讓你不斷對自己失望。你必須永遠從自己舊的模式中退出來，不斷擴大和提高自己的精神層面，並且盡自己最大的努力去達到自己設定的目標層次。

對你最為重要的，也就是和你密切相關的並不是你那渺小的、卑微的自我，也不是你那缺乏勇氣、沮喪的自我，而是那個更大的、更有氣概的、更宏偉的自我。魔鏡中，你看到了自己的靈魂深處，那是上帝在創造你之初早已打下的伏筆，魔鏡中不會出現那個渺小狹隘的、軟弱無能的人，因為這個人是你的恐懼與錯誤的產物。魔鏡中，你將看到一個偉大卓著的人，這才是當初上帝對你的期許。你的言行舉止、思維模式和生活方式一定要和魔鏡中的你相一致，那麼你定能與你的造物主保持和諧，而不是逆著祂，這樣你就會實現祂的計畫，你將以一個成功者而不是失敗者的形象立足於天地之間。

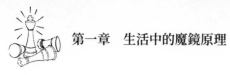 第一章　生活中的魔鏡原理

第二章

新的生活哲學

一個堅信自己擁有超凡能力的人，不論是在遇到突發狀況之際，還是陷入困境中之時，他都不會感到害怕，更不會失去勇氣，因為他深知自己具有的非凡能力會立刻發揮作用。

—— 奧里森・斯威特・馬登

　　愛默生 [02] 曾說：「我身上具有的神性讓我更加堅強，若失去了上帝之靈性，我必將醜陋不堪。」

　　新的生活哲學所帶給我們的，正是這樣一種理念：上帝親手將祂的能力賦予我們，人類應該對自身的非凡能力深信不疑。它告訴我們，上帝是一切，人類是上帝的化身，人類繼承了祂神聖的力量與特性。我們不應該再自暴自棄地認為，人類從一開始就做了令上帝不悅的事情，所以，我們生來就是有罪的，有過錯的，喪失了本應具有的聖潔與權利，因此，人類只能是凡塵中微不足道的一種生命形式。相反，我們應該相信，人類依靠這種神聖力量能夠將自己提高到與上帝同一高度，類似於上帝。這種哲學將人類看作是上帝之子，而不是被上帝丟入塵世的罪人，因此它不斷讓人類學會

02　拉爾夫・沃爾多・愛默生 (Ralph Waldo Emerson, 1803-1882)，美國思想家、文學家、散文家。愛默生是美國文化精神的代表人物，美國總統林肯稱他為「美國的孔子」、「美國文明之父」。以愛默生思想為代表的超驗主義是美國思想史上一次重要的思想解放運動，被稱為「美國文藝復興」。超驗主義強調人與上帝間的直接交流和人性中的神性，具有強烈的批判精神。代表作：《愛默生詩歌集》、《愛默生散文集》、《愛默生演講集》、《生活指南》、《美國學者》、《新英格蘭改革者》等。

尊重自己。它不但沒有按照舊的宗教眼光視人類為軟弱的、背負罪孽的、次等的生命，相反，它視人類為高貴、卓越、神聖的生命；它不但沒有將人類貶抑作無助的、與上帝分隔的生命，而是以恰好相反的眼光看待人類，它能看到每個人的超凡之處。

這種有關人類以及人類與造物主之間關係的全新概念賦予人類全新的意義、讓人類有了全新的尊嚴，因為它表明，人類不僅僅是人類，每一個人都是一個成長中的上帝。它告訴我們，人類並非為祖先承擔罪責的犧牲品，它徹底粉碎了人類注定就無法盡情施展自己的理論。它告訴人類一個事實，人類從神聖的祖先那裡獲得的是一種力量，而不是一種阻礙與不利因素。它堅信，人類是命運的主宰者，這種天性中固有的特質使他能夠按照自己的意願做自己想做的人。

大多數人面臨的最大的問題是，我們不太相信自己具有的超凡能力。我們的思想裡充斥著守舊的神學思想和種族信仰，總覺得我們自己是無助的，是凡塵中的聽天由命的微弱生命，我們能做的唯一一件事就是向造物主祈求幫助。有一個故事講述了一個不知道自己出生於皇室，擁有皇家血統的王子的成長過程，這個故事或許會為大多數人帶來一點啟示。

這個古老的故事大致內容是這樣的：有一個很有威望的國王，他十分擔憂自己唯一的兒子、王位繼承人因知道自己將成為國王而變成一個驕奢淫逸的年輕人，為了避免發生這

種事情，國王決定讓王子在不知道自己的血統和未來將要繼承王位的情況下長大成人。因此，在王子尚處幼年時期，國王便悄悄地將他送給了一對住在森林中的伐木人夫婦，並囑咐他們要像對待自己的孩子那樣對待王子。國王和王后從此便再沒有去看過王子，也沒有和他們有過任何連繫。除了伐木人夫婦，誰都有不知道王子的身世祕密，王子身上穿著和其他孩子一樣的衣服，從小就學會了勞動和學習，努力做最好的自己。

　　一個從小在宮廷長大的孩子往往會因奢華的生活和包圍在身邊的諂媚而變得意志薄弱，這一切甚至會毀掉他的特質。然而小王子卻過著極為簡單樸素的生活，全然不知什麼叫奢侈，什麼叫阿諛奉承。最後，王子長成了一個高大健壯的毛頭小夥子，一個馬上要步入成年的意氣風發的少年。這時，宮廷裡派了一個信使來到伐木人家裡，要將王子帶回皇宮，直到這時，王子才知道自己的親生父母是誰。

　　大多數人都是那個生活在貧窮的伐木人夫婦家裡的小王子，我們不知道自己是誰，不知道自己高貴的身分，不知道自己具有上帝賦予的神性。我們壓根就對自己潛在的超凡能力毫無察覺，而這種力量卻一直等著我們去支配。

　　新的生活哲學揭開了人類身世的祕密，給了我們一把打開潛能寶庫的鑰匙。它讓我們懂得正視自己，如何成就真實

的自己。它向我們指明，人一直以來尋求的幫助只不過是外在的幫助，而人類所有的資源和財富其實都蘊藏在內部，這種力量會源源不斷湧現出來，成為他成功的動力，令他找到自我滿足和幸福的源泉，讓他找到那個屬於自己的上帝。它讓我們用全新的精神面貌、勇氣和動機來面對生活，它是一個充滿希望、愉悅與信心的實踐過程，永遠不會令你失望。它能驅散恐懼和焦慮的陰霾，還心靈以平靜與幸福，它為我們確立一個嶄新的世界觀，為我們鋪平一條歡樂之路，它是人類下一個黎明前的領路人。

　　新的生活哲學將會讓我們了解到，人類並非渺小卑微，每一個人身上都有一種超凡的潛力，這種潛力就鎖定在我們身體裡。它會告訴那些在生活中遭遇到不幸的人，那些感覺自己被社會拋棄，什麼都不是，只是一個乞丐的人們，他們的想法錯了，他們其實是國王的孩子。它告訴人們，在骯髒襤褸的衣衫下面，是上帝按照自身創造出來的形象，有時候，這就好像是我們發現了一幅被丟棄的舊畫，上面厚厚地覆蓋了一層汙垢，讓畫面幾乎難以辨認，畫作者的名字字跡斑駁，模糊不清，讓人覺得它毫無價值。但是，如果你將這幅畫清理乾淨，還以它的本來面目，你會發現，這幅畫其實是出自名師之手的無價之寶。它告訴那些被世俗玷汙的人們該如何找到真正的自我，也就是那個上帝親自創造出來的你。

許多人活了半輩子，甚至大半輩子，卻從來未曾想過自己身上竟然蘊藏著巨大的潛力，這種潛力一直處於封鎖狀態，直到有一天，一種看待上帝、看待人類、看待二者之間關係的全新觀念為他打開了一扇通往內在寶庫的大門。這種新生活哲學的核心內容為人們提供了最理想、最實用的建議，讓人們切實看到了真理，找到了真實的自我。

　　絕大多數人都難以擺脫恐懼與焦慮的擺布，他們懼怕貧窮，懼怕失敗，懼怕疾病與痛苦，懼怕意外事故與天災人禍，懼怕一切竭力要避開的事情，因此，他們總是不停地考慮這些事情，結果，這些害怕發生的事情反而被他們的思想吸引而來。他們的思維總是停留在這些憂鬱的想像之中，久而久之，便會在自己的潛意識中留下一道深刻的痕跡，這道痕跡會逐漸影響到他們的生活，在他和許多美好的事物之間豎起一道高牆，從而阻礙了他接受更好的事物的可能性。

　　新的思維方式卻正好與之相反。這種新觀念堅持認為，我們必須要想著自己的願望能夠得以實現，而不是朝相反的結果去想。它告訴人們，如果人們希望得到健康，如果人們希望自己強壯充滿活力，就必須要持有健康的理念，必須將自己想像成一個體格完美、強壯和富有活力的人。同樣，如果人們想要發達昌盛，取得成功，擺脫貧困的糾纏，我們絕不能去想一些貧窮和失敗之事，而是要朝相反的方面去想。

舉個例子來說明，如果我們的神態舉止、我們所相信的和所懷疑的、我們的恐懼都在透露出某種訊息，那麼，財富必定會被我們趕跑。這個訊息就是，「不要靠近我，財富，你不屬於我。雖然我對你的渴望超過了一切，但是，我卻認為自己永遠也不會擁有你。我只不過是一個普通人，從來也沒指望過取得成功。我的所有親戚都很窮，他們只不過是能將日子過下去而已，我也從來沒想過能比他們強，我能生存就可以了。這個世界上有那麼多美好的事情，但我都沒想過，這麼幸運的事恐怕輪不到我。作為一個年輕人，我也是有抱負的，但是，無論我工作多麼努力，好運似乎總是與我無緣，我感覺，竭盡全力、努力地去追求去趕超那些生來就很幸運的人似乎無法產生太大的作用，所以我也就下決心不再去想有一天我會富有、獨立。」

　　新的生活哲學向我們表明，如果我們想要在這個世界上取得進步，我們就必須有一個積極樂觀的態度。它告訴我們，想要發達，我們就要遵守成功法則，因為上帝所賦予我們的財富絕不可能流向一個悲觀厭世、心存疑慮、不願去相信的人，疑慮和恐懼早已截斷了成功的通道。

　　今日的新理念很明白地告訴我們，我們，正是為了成就理想中的自己才來到這個世上，因為我們始終都朝著理想的方向前進。它表明，我們所渴望的事情正是我們為之祈禱的

事情。如果我們帶著信心和不變的信念為之努力，堅信自己
會有收穫，那麼，我們必然會有所收穫。但是，如果我們認
為生活中的美好事物不屬於自己，如果我們就連想得到它的
欲望都沒有的話，我們再怎麼努力工作也是枉然，成功不會
找到我們頭上。它告訴我們，我們要一直將自己看作是幸運
的人，我們應當過上美好的生活，因為我們是上帝的子女，
因此，我們有資格獲得美好的事物，有資格獲得成功，擁有
自己所需要的東西。簡而言之，新的生活哲學將展示給我
們，人的思想、情感、情緒和欲望都就像是一粒粒種子，只
有將它們播撒出去，才會有所收穫。

　　直到最近，我們才知道，我們總是不斷向自己所渴望
的、所擔心恐懼的事物靠攏；我們總是朝著自己思想所指引
的方向前進，正是這種思想奏出了一個人生命的主旋律，不
論他的個性如何，身體裡的每一個細胞都和這首主旋律保持
著相同的基調。

　　新的生活哲學十分清楚地闡明了一個觀點，它告訴人們
該如何將自己渴望的東西吸引過來，而不是用消極的、打擊
性的思想和錯誤的生活態度將它們趕走。它教會人們如何去
積極地看待生活，它讓我們以建設性的、富有成效的，而不
是以消沉和毀滅的態度去看待生活。它會讓人們明白，如果
我們視自己為不幸的人，總是在談論自己的命運如何多舛，

那麼，這種自我詆毀最終會讓我們想像中的那個形象活生生地出現在實際生活中。它警告我們，一切質疑、痛苦的想法都是消極的，如果我們肆意滋長這種想法，那麼，我們必然會毀掉、削弱所有在樂觀積極時候樹立起來的對美好事物的希望。

懷疑是人類的一大叛徒，它幾乎能夠以最大的程度扼殺一個人的能力，導致許多優秀的人就此成為平庸之輩，讓更多的人成為生活中的失敗者。新的生活哲學警示我們，每當我們妥協，每當我們失去信心，每當我們沮喪洩氣之時，便是我們讓自己的思想變得消極之時，便是在我們在通往成功、平和、幸福的道路上豎起障礙之時。它時刻提醒我們持有這種全新的對上帝的看法的必要性。

伊里亞德博士說，這種全新的信仰觀念將會是未來宗教的主要特色，它將成為人類具有偉大的創造力的最好見證。如果我們能夠帶著這種思想去生活，我們將不再懷疑、無所畏懼。

這種全新的思維方式正在為成千上萬的人開創一個全新的世界，它為人們帶來一個現實生活中的上帝。它告訴人們，人類因具有思想而神聖，而思想恰好能將你潛藏在深邃智慧中的無限財富充分挖掘出來。

新的生活哲學聲稱，我們的潛力是無窮的，因此，人類無窮的智慧和能力一經觸發，我們的理念注定會隨之而改

變，人類的命運也會隨之而改變。它賦予人類一種全新的意義，人類已不再是次等物種。舊的神學理論將人類稱為可憐的不幸的背負罪惡者，他早已拋棄了自己上帝之子的身分，被放逐於神聖大家庭之外。但是新的哲學則重新強調了人類固有的權利，用人類之神聖再一次豐富了基督的信條。

愛默生說，在整個歷史過程中，基督是唯一能夠對人類的偉大與神聖真正給出一個正確預測的人。基督總在不停地強調人類巨大的可能性，他能夠看到人類是上帝的化身。新的生活哲學的任務就是要我們找到上帝眼中的那個更偉大的自己，去揭開自己潛在的能力，我們自身就擁有救世主的能力。那麼，我們何不向他學習呢？我們和基督又有什麼差別呢？基督之所以與我們不同，是因為他實現了作為上帝之子的自我，他內在強大的力量被喚醒並得到了充分的發揮。

你的這份內在力量會日臻完整、強大、成功，會讓你過上美好而合意的生活；你的內在力量將會令你永保青春、充滿歡愉和快樂；你的內在力量會讓你永遠生活在喜悅與愜意中；你的內在力量會令你時刻處於愉快的心情中，甚至可以超越愉快。只是這份力量或許還尚未覺醒。

新的生活哲學將喚醒你蟄伏的力量，讓你和千千萬萬受益於此的人一樣，重新找回自我，它將幫助你打開封鎖的力量，你或許從來都不知道自己竟然擁有如此強大的力量。它

將讓你獲得克敵制勝的方法，幫助你戰勝自己精神上的敵人。它將告訴你如何克服恐懼，如何讓自己意志不再消沉，如何擺脫沮喪低落以及其他一些不利於精神健康的情緒的影響。它將教會你如何治癒失眠、焦慮、猶豫等由於消極、病態想法所導致的慢性「精神疾病」，讓你知道如何擁有一個積極健康的心態。

　　現代科學已經證明，一切消極的思想和情緒都會在人體中發生化學反應，產生出有毒物質。有數不清的人生活過得很苦惱，那是因為他們的嫉妒、憎恨、不友善、不寬容在不知不覺中毒害了自己的思想和情感。新的哲學認為，一切侵害他人思想、引起他人憂鬱、煩惱或帶給別人任何痛苦的行為，必將會為自己帶來同樣程度的傷害，因為任何一種邪惡的思想都像是一個回力鏢，最終會返回來擊中那個發出它的人。

　　這種新型的說教一直以來都在反對並遏制人性中獸性或醜惡的一面，它告訴我們，對任何人都不要抱有看不起、嫉妒、眼紅、自私、憎恨、復仇、色慾的想法，它告訴我們，如果我們用懷疑、不信任的眼光，帶著嫉妒、眼紅或憎恨的心情去看待他人，那麼，我們在激起別人自慚形穢的感覺的同時，自己的思想中也就不可避免地產生了這種想法。

　　它不斷地強調思想的力量與重要性，督促我們只能將善

意的、完美的、有愛心的思想訊息散發出去，因為上帝在將自己的形象賜予人類的同時，也將自己的思想給了人類。它讓我們明白，呼喚人類身上的神性，也就是上帝具有的特質的唯一方法，就是服從祂的天性。

這也正是為什麼新的生活哲學要求我們將每個人都看作是一個上帝的化身，要求我們必須將其他人看作是一個擁有超凡的潛力的人，而不是一個渾身是缺點、常常失敗、成就平平的人。它要求我們呼喚出人性中最好的一面，朝著最好的方面去想，給他人以最大的信任，因為只有好的意願才能夠激發他人好的一面，你的兄弟姐妹身上體現出來的上帝的特質同樣也能夠在你的身上看到。你若一味地憎惡或鄙視他人，你將永遠也無法喚醒其他人靈魂深處沉睡著的愛心與高貴。

基督向我們提出了要愛自己的敵人的信條，這個信條就算是在教堂之中都是幾乎不可能實現的，但據我們今天所知，它卻是絕對科學的。愛是恨的天然解藥，我們都知道，憎恨、嫉妒是無法在愛的氛圍中長時間存在的，因為愛是這些情緒的解藥，就好像水天然就能夠滅火一般。此刻我們發覺，基督的每一句話都是有道理的，冤冤相報何時了，憎恨永遠也無法消滅憎恨，只能是火上澆油。然而幾個世紀以來，人們卻一直試圖帶著更大的情緒之火去滅憎恨之火，這種做法極不科學，就好像是用煤油去滅火一樣。「以德報

怨」，或許有朝一日，對你數年來恨之入骨的人最終會對你報以友善的一笑，主動向你伸出手來，因為你對他的友好態度早已經將他的怒火撲滅，將他的憎恨瓦解。

這種全新的、能夠由內而外徹底治癒精神創傷的解藥，其美妙之處就在於它是現成的，隨時可以拿來使用的。我們也無需吝惜自己的愛或刻意將它貯藏起來，因為愛這種美德取之不盡，且永不變質，唯一能夠讓愛變得不純或貶值的人只有我們自己。每年都有許多人死於中毒之後沒能及時解毒。但是這種新的生活哲學所提供的解藥卻無需須臾的等待，我們不必叫醫生來，也不需要拿著藥方去藥店買藥，我們就是自己的醫生，藥方就在手邊，它能解除任何思想毒素，平衡所有精神方面的失調、不協調或矛盾。它將消滅你精神上的敵人，你健康上的敵人，導致你生病的敵人，你效率的敵人，你成功的敵人，你幸福生活的敵人，以及所有能破壞你思想平衡，在整體上破壞你的舒適、和諧和快樂的敵人。

這種新的生活哲學有一個最基本的原則，即對於我們不希望發生的事情，我們就永遠也不要去想，不論它是有關我們自己還是有關於我們的健康、成功、能力、個性特徵方面的事，因為我們的思想，我們的信念，我們所堅持的都能夠透過新陳代謝融入我們的每一個細胞當中，成為我們無窮的動力。

舉個例子。如果你總是責怪或看不起自己，不停地對人們講述你的錯誤、你的失敗、你的缺點，說自己記憶力不好，記不住事情，或者永遠也比不上其他人，再或者你認為自己一定有什麼地方出了問題，因為你總是犯一些低級愚蠢的錯誤。那麼，所有這一切想法都有悖於這個基本原則。因此它告訴你，一定要下意識地抵制一切自卑的想法，因為如果你認為或者稱自己為一個失敗者、一事無成的人、不幸運的人、弱勢的人、缺乏活力的人、精力不夠旺盛的人、總擔心自己會生病的人、擔心自己這也不行那也不行的人、擔心自己受到不良的影響的人，那麼，這種貶低自我的語言，和這種感覺會有壞事發生在自己身上的念頭往往會將這些不好的事情吸引到自己的生活中去。

　　這種「我辦不到」、「我不敢」、「我害怕」的消極哲學理念永遠也不會讓人有任何成就，它限制了我們，讓我們哪裡都去不了，因為從來沒有哪條法則說，認為自己無能的人會做成什麼事情。新的哲學信條非常贊同這一點，它認為，不論任何事情，要想勝出，就必須有一個積極的思想態度，堅信我們會獲勝。它有助於我們獲得成功，給我們信心和鼓勵，因為它告訴我們，我們並非被殘酷的命運之神拋到一邊的木偶，我們是萬物主宰者之子，具有除了自己，任何力量都無法觸及的權力。它認為，我們的生活不是取決於偶然，

也不是取決於運氣，而是取決於一個亙古不變的原則 —— 我們可以全盤規劃自己的事業，如果我們按照這種新的生活哲學去生活，那麼，我們的生活將會從出生到死亡一直處在進步當中。

這種新的哲學讓我們對人類社會的許多問題有了全新的理解。它讓我們明白了活著的真正意義，讓我們看到了自己與整個宇宙，與上帝之間的關係。它向我們表明，現有的一切都與我們有關，因為我們是偉大的造物主的一個部分，是我們和祂共同創造了這個世界。

它讓我們明白，生活不是一場搶奪大賽，不是要將別人的東西占為己有。它公然反對財富崇拜，反對金錢萬能，反對讓人類的靈魂散發出銅臭味道。它反對不擇手段、不顧他人的利益達到自己的目的，它反對「強勢就是權力」的信條，反對有錢有權的人恃強凌弱，也不認為弱者和窮人就有更好的感情，更為敏感。它反對全國上下到處可見的，幾乎波及到每一個人的手足相爭、相互掠奪的現象。它反對一味地迎合人類的動物本能，反對浪費生命，浪費一個人本來擁有的才華。它督促你從自己最底層的動物本能和傾向中走出來，進入你天性中更高一層的、由智慧和品格所掌控的層面，那裡將是你靈魂的畫室。它將改變你的品味、你的欲望，因此，你所渴望的將是真、善、美的東西，你將會渴望那些令

你進步的事情，那些激發你的天性更向上，更高貴的事物，你將獲得自己希望的一切。

這一信條能夠將我們自己未被發掘的能力顯示出來，它能發現我們的另一半自我，這個自我一直在靜候著我們的召喚，隨時準備著為我們服務，幫我們打贏生活這場戰爭。它激勵著每一個勉強度日的人，每一個尚未實現自己的希望與理想的人，每一個步入而立或不惑之年卻仍在為生活奔波，沒有自己的用武之地，沒有一個家，沒有工作，沒有朋友，不具備過上理想生活的能力的人。不論你是失敗者還是覺得自己是失敗者，如果你覺得自己沒有未來，如果你打算放棄或早已放棄努力，如果你僅僅是生存而不是生活，它將告訴你如何恢復失去的信心，它將給你以全新的命運觀，啟動你幾乎忘掉一半的夢想，讓你重新擁有志向和理想。它將掃去覆蓋於自信之上的自卑，將你大腦中結滿蛛網的角落清理乾淨，讓你的思路更清楚。它將喚起你全新的勇氣，讓你精神煥發，這樣一來，你將不再滿足於這種匍匐在地的苟且生活，在你發現另一個能夠幫助你成為生活中的勝利者的自我之前，你將永遠不會滿足。

運用新的生活哲學能夠極大地提高一個人的能力，原因有二。第一，它能夠發現一個人被封鎖起來的能力，調動出迄今為止自己所不知道的資源。第二，它能消除一個人的恐

懼、擔憂、焦慮，消滅所有阻礙我們成功，降低我們效率的敵人，它讓我們的思想為成功創造條件。它能夠強化我們的各項感官，讓它們更敏銳，因為它帶給人們一個全新的生活觀，將一個人扭轉過來，讓他面對自己的目標，面對信心和肯定，而不是面對著懷疑、恐懼和不確定。它幫助人們充分看到努力的結果，而在此之前，懷疑、恐懼、焦慮、缺乏信心和自信很大程度上遮掩了努力的成效。

再沒有其他哲學理念能夠提供可以化解這麼多邪惡的良方，治癒這麼多人類惡性痼疾的萬能藥了。再沒有任何信念可以像這樣給無望的人以希望，給潦倒的人、在生活的賽場上被擊敗出局的人以承諾。對於貧窮的、不滿的、沒有勇氣的、飢餓的人來說，它是新的啟示。它表明，一個人無論在生命的哪個階段感到迷惘困惑，都有機會變得更好，即使是一個背負惡名的人也有機會走上寬闊的陽關道。這正是憧憬美好未來的希望哲學的根本所在。

他為人類打開了一扇真正的內在財富之門。他讓那些認為自己貧窮、生活潦倒、認為自己永遠不會有所成就的人看到了真正奇妙的寶藏。它在我們面前展現了一個全新的希冀世界，讓那些心灰意冷的人看到了希望的光芒。不論這些人經歷過什麼樣的失敗，做過什麼樣的錯事，它都會給他們以新的動機、新的機會，讓他們獲得成功。它告訴我們，任何

人，不論他處在什麼地位，犯過什麼錯，都不能失去這樣做的機會。

如果你正在尋找一種真正能夠治癒和幫助所有受苦受難之人的良方，你不妨嘗試一下這種新的生活哲學。如果你已經嘗試了所有能夠想出的方法，所有朋友推薦的所有你聽說過的方法，但仍然未能得到解脫；如果所有這一切都令你感到失望，沒能夠治癒你的傷痛，無法讓你感到滿意；如果你已經嘗試過這世間所有的用來治療不幸福的良方，結果卻發現它們都是一場空，是無效的；如果這些東西留給你的只有苦惱和不安，你仍然像以前那樣飢餓、感到不滿，那麼，你不妨嘗試一下這種新的生活哲學。在這種哲學中，你將會找到一種萬能藥，一種能夠治癒你所有心痛、憂愁、悲傷和對失敗、錯誤、罪過的遺憾的良藥。

諾亞方舟並非真正的木舟，它只不過是象徵著一個安全的避難所，一個能夠為世上萬物提供保護，逃避敵害的安全避難場所。新的生活哲學正是這樣一種避難所，不論你在哪裡，它都能夠幫助到你。在它的幫助之下，你可以在生活中取得輝煌的成功，讓生活成為自己手中的傑作。

這種新的生活哲學其實並不是什麼新鮮概念，它並非基於一個全新理念之上，因為《聖經》告訴我們，「人類只能立足於這個基礎之上」。它只不過是重新強調了一個舊的基礎，

一個建立在基督信條上的基本原則。正如 W. 約翰・默里博士所說：「它並不是一項現代的新發明，也不是什麼新奇的發現，這種新的思想只是將一個開天闢地以來就有的道理冠以一個全新的稱謂而已。隨著時間的推移，人類已經忘掉了它，忽略了它，從這個意義上來說，它是全新的。所以，它不是新創造的事物，而是對舊事物的新詮釋。」

新哲學是一種帶給你歡樂和愉快的信仰，它並非未存在於未來遙不可及的世界，它讓你把握今天的一切，它的承諾是，從現在起，你會一直快樂下去。

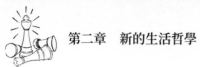

第二章　新的生活哲學

第三章

獲得不斷創新的力量

每一個熱忱的人都能夠聽到自己靈魂深處的呼喚，這種
呼喚來自心。

—— 奧里森·斯威特·馬登

　　動物園的飼育員做了一個實驗，他把一隻小狗和老虎寶
寶放在同一個籠子裡餵養。於是牠們兩隻一起長大，一起玩
耍，一起睡覺，親如一家，和睦相處。剛開始的時候，小狗
的體型稍微大一些，所以牠控制著老虎寶寶，不僅僅是在玩
耍的時候，在所有情形下都以領導者和主人的姿態自居。隨
著時間的推移，到後來，小老虎自然會在體型和力量上超過
小狗，然而這隻老虎卻仍然未能超越這隻狗對牠的控制，因
為先前牠曾在小狗面前遭遇過一次次慘敗，小狗用尖利的牙
齒帶給牠懲罰，所有這一切都深深地留在了小老虎的記憶
中，正是這種可悲的恐懼導致了牠的臣服。

　　最後，飼育員不得不將牠們分開，然而，老虎卻因沒有
了夥伴而感到悲傷，牠開始漸漸消瘦，變得無精打采。牠變
得乖僻而易怒，拒絕進食，眼皮都不抬一下。飼育員意識到
情況不妙，於是，過了幾週後只好又把那隻狗再次放回到籠
子裡去。這一次的重逢讓牠們倆都異常高興，但是狗立刻就
恢復到了從前那種居高臨下的態度。雖然老虎這個叢林猛獸
身上所具有的力量足以殺死十幾隻狗，但是牠卻無法克服自
己年幼時的習慣，仍然臣服於兒時玩伴，牠最初的主人。

我們大多數人就像這隻老虎。對於以前的事物，我們已經形成了一種習慣性恐懼，實際上它對我們根本沒有任何威脅，只不過是我們的想像賦予它力量。這種習慣長期奴役著我們，它已經成為了我們的一部分。我們並沒有意識到，我們身上具備笑對命運的能力，具備遠遠大於那隻老虎的能力，這種能力是神賦予我們的，它讓我們成為駕馭周圍環境的人，讓我們能夠主宰宇宙萬物。

　　我們之所以會淪為焦慮、恐懼、無知、自我欺騙的犧牲品，以及一切阻礙我們能力，讓我們無法實現自己真正價值的事物的犧牲品，原因就是我們不知道自己作為上帝之子的真正力量，因為我們從來都不知道如何利用自己超凡的特質，因為我們從來也沒有真正相信過我們卓越的能力。我們在無知中歷經磨練，全然不知自己竟然擁有超級的天賜的力量。這種力量支援著我們的肉體，但卻不是來自肉體本身，它能夠讓我們成功跨越一切障礙。我們並不知道自己與這種力量之源有密切的關係，這種關係讓我們無論在任何情況下，都能成為生活的主人而不是生活的奴隸。

　　愛默生說，如果一個人尋求外界的幫助，他便是弱者，如果他堅信自己需要不斷地改進和完善自己，不斷找到自己的不足，從而能夠創造奇蹟，那麼，他就是強者。換句話說，如果一個人總是依靠外界的幫助、力量、影響、他人的

提攜、現成的資金開始創業，那麼他就不可能成就大事。說得形象一點，只有當他拋棄周圍的一切，全身心地進入那個強大的自我，他才能找到成功的源頭，力量的源泉，大展宏圖的動力。如果他開始認識到，與自己具有的蘊藏在思想中的巨大創造力相比，所有外部的幫助都達不到任何成就，那麼，他就會開始發揮創造力，開始培養自己神聖的力量。如果你低估自己的力量，總是在羨慕這個或那個成功人士，或希望有人能夠提攜你一把，那麼，你無疑就是在自己成功的道路上設下了障礙。你的身體裡蘊藏有一種力量，如果你能發現並利用它，你將成為自己夢想或理想中的那個人。

你的本性是一切力量和才能的源頭，你和萬能的主關係密切，然而你卻是那麼的無能。你身處浩瀚的智慧海洋當中，可以從中汲取一切成長和朝更高方向發展的所需事物。簡而言之，你在生活中和行動中都顯示出自己的無所不能，那麼，你就必須充分吸收你的父親──萬能的上帝所具有的神聖特質。理所當然地擁有並利用這份寶貴的遺產吧，面對你想要做的事情，你將不再感到自己的弱小、卑微，不再認為自己的力量相差甚遠。

每一位偉大的發明家、發現家、天才都能夠感覺到自己身體裡有一種神聖的、激動人心的內在力量，這種力量支持著一個人的肉體，但它絕非來自於肉體。這種力量幫助他完

成設計、發現事物，幫助他發明創造、完成著作和油畫、譜寫樂章和詩篇，實現一切他想要創造和發明的事物。

　　愛迪生在談到自己為這個世界帶來的最好的一些發明時說，他一直認為自己只是順便從無限的資源中將這些東西帶給了人類。他覺得自己只是一個媒介而已，他只是將宇宙中蘊含的無限智慧借自己之手轉變成了有限的幾種裝置，這些裝置將人類從繁重的勞動中解放出來，讓人們在各種危險的環境之下保持安全，讓人們對許多生活中的敵人有了抵禦能力，讓這個世界上人們的生活從總體上來說更有意義、更美好。

　　許許多多作家在靈感突然來臨之時會以最快的速度將它們寫下來，一直寫到自己精疲力竭為止，他腦海中浮現的全新情景就像一道閃電劃過，它稍縱即逝，或許永遠不會重現。當許多作者再次回味自己那天寫下的曠世之作時，就連自己都感覺到很不可思議，實際上，他當時自己也不太清楚他的筆在紙上寫了些什麼，他只是覺得自己純粹是被一股神祕的力量支配著，這種力量就來自他的內在，並督促他不斷向前。

　　許許多多的偉大發現和發明就是在這種來自大腦意識的神聖力量的支持之下，才得以實現。透過用潛意識這種主觀意識的感知，我們常常會找到一些客觀思維所難以理順的線

索,從而解決一些看似無望的問題。這樣的例子比比皆是,那些看似毫無頭緒的東方象形文字之謎,就是在考古學家的睡夢中解開的。因為客觀思維相對較為靜止,所以,潛意識提供了一把心靈之鎖的鑰匙,幫助你解決長期以來令你感到困惑和費解的問題。

在大大小小的問題上,我們都有過類似的體會。我們常常絞盡腦汁,大傷腦筋,卻仍然無法解決困擾已久的問題。晚上,我們帶著灰心喪氣的心情躺在床上,或許已經打算放棄戰鬥,結果到了第二天早上,你瞧!問題的答案說不定就正等著你呢。我們的客觀思維所無法解決的問題,卻在睡眠過程中被我們的潛意識解決!我們不知道答案來自哪裡,我們也不知道是什麼力量幫助我們找到答案,我們只知道問題解決了。我們也知道,每當我們處在絕望當中,竭力呼喚內在的力量以求幫助之時,這種內在的智慧就會顯現出來,它強於我們的自身能力。這種神聖的智慧與生俱來,並且將伴隨我們終身,它隨時都在等候著我們的召喚,前來幫助我們。

林肯是一個終身受益於內在力量的人,他對自己的神聖深信不疑。他很清楚自己的內心蘊藏著什麼,是什麼力量支持著自己。這種力量超越了人的範圍,帶有一種神的威嚴,如果他不服從這種力量的召喚,那麼,他將失去自己的力量,失去思想上的平和。他感覺到那些偉大、正義、公正的

原則正是借他之口以展示給世人的，他只是用來執行上帝計畫的一個媒介而已。

　　人類意識的高貴之處就在於它能夠告訴我們自己和造物主之間密切相關的連繫，這種連繫賦予我們力量，不斷支持著我們。讓林肯堅定不移地為公平正義和人權而戰的，也正是這種意識。正因為他感覺到自己身上有一種力量在源源不斷支持著他，他才會克服重重阻礙與反對，完成這項宏偉大業，既保全了國家的統一，又讓奴隸得以解放。

　　支持林肯的力量類似於那種在重大危機時刻，能讓一個弱者變成巨人的力量。舉個例子來說，這種力量就是當家裡發生火災或其他重大災害之時，生命受到威脅的情況下，一個人突然爆發出來的力量。常常有這樣的事情發生，當家裡起火之時，青壯年男性恰好不在家裡，平時弱不禁風、體弱多病，就連一把椅子都舉不起來的妻子，會從床上跳下來，救援孩子、搬動家具、做出各種不可思議的事情來，這些事情在平常時候，對於一個壯年男子來說都是很難辦到的。

　　這種異乎尋常的力量到底來自哪裡？當然不會是來自外部，也不會是來自肉體，它來自於我們偉大的內在。這種力量隨時都存在於這個婦女的身體裡，等待著她來使用，準備著在危急重大時刻幫助她。我們每個人的內心也都蘊藏著這樣一種力量，每當大難臨頭或極度困難之時，每當遭遇重大

突發事件之時，我們都能做出一些讓人嘆為觀止的事情來。我們都有過這樣的經歷，在我們生命中重大危機的時刻，會有一股巨大的力量從我們先前的意識中湧出來，前來營救我們。直到那一刻為止，我們才知道，自己竟然還擁有這樣一種力量。事後，我們往往會對自己說：「那個時候，我也不知道自己為什麼會那樣，我也不知道自己怎麼能做成那些事。現在讓我做我肯定做不了，但在當時，我就像做一件很平常的事一樣自然而然地做了。」

你當然能做到。如果你一直都依靠你自己這種隨時恭候差遣的內在力量，你將會不斷做出一些奇蹟般的事情來。但是，我們往往只在一些極端的情況下，才會動用我們真正的力量，我們才會不自覺地擁有了這種內部資源。今天的失敗大軍是一個龐然大物，他們中有的人連自食其力的能力都沒有，但是他們卻具有尚處在沉睡當中的潛力，這些潛力如果能被喚醒，他們將會創造奇蹟。

你身上具備一種更大的力量，這種力量要遠遠大於阻礙你的抱負、讓你依舊貧窮、讓你不思學業的力量。你具有戰勝一切噩運的力量，這種力量要大於毀掉你事業的力量，這種力量不受外界因素的干擾、不怕失敗與挫折，不受疾病、貧窮的限制，什麼都無法阻擋你成為你想要成為的人，做你渴望做的事。

這種力量只要一眨眼的功夫就能到來，讓我們從病床上蹦起來，處理各種緊急事件，它不僅揭示了人類和萬能的主之間的密切關係，而且還告訴了我們一個神奇的法則，就好像那個落下來的蘋果對牛頓的啟示一樣。它讓我們確信，我們擁有一種神奇的力量，這種力量就蟄伏在我們身體裡，如果我們諳知這條法則的原理，那麼，我們就可以將身處危急時刻時具有的那種力量召喚出來，隨時隨地為我們所用。

這是一條心理法則，不論我們想要達成什麼，都必須在自己的主觀意識，即潛意識中留下印象。也就是說，我們必須在思想裡牢記自己的願望，我們必須讓自己的決定充滿活力，並抱有堅定的信心，有志者事竟成，我們必須時刻保持強烈的信心，這樣才能促使我們內在的創造力去實現它。我們所確信的、我們想要創造的事物將會在我們的思想中具體化。我們為理想的實現，為美夢能成真而許下願望，在這個願望當中，我們所投入的精力越多，最終由思想上的印象轉變為現實的事物可能性也就越大。

這條精神法則的工作原理就如同決定早晨在某個時間起床一樣簡單。比方說，你如果需要在清晨四點鐘起床趕火車，那麼你就在你的潛意識中設定了這個目標，你就會在臨睡前對自己說：「聽著，約翰，你必須在早晨四點鐘起來，因為趕上這趟火車對你很重要。」那麼，你在早晨四點就會自

動醒來。你在思想中對四點鐘醒來這件事越是重視，你就越能夠準時醒來。但是如果需要連續一週都這樣做的話，這種輕描淡寫的要求恐怕就無法發揮作用了。如果你僅僅是很無所謂地對自己說：「哦，我覺得我得早晨四點鐘起來趕火車。」那麼，你恐怕就做不到了。你必須要強調自己的要求，一遍遍地想你將要做的事情，否則，這個法則是不會產生作用的。任何在思想裡沒有專門留意的事情都會被很快忘記。你從經驗中得知，如果你的妻子給了你一封信，要你拿去寄，結果你順手把它揣在口袋裡，然後就忘得一乾二淨了。或者你妻子要求你去辦一件事，但是，如果你並沒有在潛意識裡告訴自己，你必須要將這封信寄出去，或者在恰當的時候跑一趟腿，那麼，你也不會去做這件事情。若不是你的妻子提醒你，你恐怕再也不會想起它。

　　由此可見，那種能讓你在清晨某個特定時刻醒來去趕火車的力量，或者在特定時刻提醒你去寄信或跑腿的力量，正是這種神祕直覺的體現，是在你身上具備上帝的力量、博大智慧的印證。如果你遵循它的法則，也就是說如果你想要健康，就堅信自己是健康的，將健康的訊息發散到身體的每一個細胞中；如果你認為財富、成功是你與生俱來的權利，如果你想的是富裕，而不是貧困；是成功而不是失敗，那麼，這種力量必將會帶給你健康、繁榮和成功；如果你不斷告訴

自己的潛意識，你具有上帝之子的力量，你就能實現自己常規的理想，不論你的理想是什麼。

我們和世間萬物，和一切能夠令我們滿意的事物之間有一種看不見的連繫，它恰恰就蘊藏在我們自身內部，就蘊藏在我們潛意識的自我當中。這裡，也正是偉大的創造過程的開端，是夢開始的地方。宇宙中存在的智慧的能量同樣也存在於你的身體中，你可以按照自己的意願用它來創造你想要的一切。有的人將這種能量轉變成了一幅幅絕世畫作，有人將它轉化為偉大的詩歌，有人將它轉化成了發明創造，電話、汽車，還有的人將它轉化成了名曲樂章，然而也有人卻從來未曾使用過它，或許直到臨終前都不知道自己還有一筆最寶貴的財富。

我們大多數人存在的最大問題，是我們對自己的要求太過馬虎，來自內心深處的呼喚是如此微弱，且斷斷續續，所以，無法啟動這份創造性的力量，所以還不具備將欲望轉化為現實的力量。如果能夠滿足必要條件的話，這一法則將會毫無差池地發揮作用。如果你在潛意識裡十分強烈地、迫切地、高強度地、不時地提醒自己想要成為什麼樣的人，做什麼樣的事，如果你帶著強烈的意願許下自己的承諾，或者是盡自己最大的努力實現自己的渴望，那麼，這個世上也就沒有什麼能夠阻擋你的成功。

如果一個年輕人能夠像林肯、馬歇爾·菲爾德[03]、查爾斯·M. 施瓦布[04]那樣，報以無比堅定的決心要做成某件事，如果你能在自己的事業上也和他們一樣艱苦奮鬥，那麼，最後的結果可想而知。另一方面，一個虛弱的，不十分堅定的要求，內心發出的微弱的呼喚就會導致無力的行動。比如說，如果你並不真正相信自己會發達，好事會降臨到自己頭上，或者自己的健康會改善，那麼，你為了繁榮、富強、健康而呼喚的創造性力量就會十分微弱。這只會給你的潛意識當中的創造力量下輕微的印象，那麼，你的健康和生活狀況就不會發生什麼實質性改變。

當然，就像你在體力訓練中不肯付出汗水辛勞一樣，如果你對自己的內在的力量沒有太大要求的話，你將一事無成，努力和需求是互補的，二者缺一不可。我們所知道的每件事的任何一個方面，都是透過這兩者之間的相互作用產生

03　馬歇爾·菲爾德（Marshall Field, 1834-1906），美國實業家。他於十九世紀中後期首先提出了「顧客就是上帝」這一影響深遠的行銷理念。顧客就是上帝（customer first）體現的是把顧客至於工作中心的服務思路。馬歇爾·菲爾德百貨公司還將零售業當時所奉行的顧客自慎（caveat emptor），即商品一旦出售概不負責的原則，改為無條件退貨。並在商店設置凳子等便民設施，讓那些在購貨時猶豫不決的顧客坐一坐，並建立了休息區，供過於疲勞或者興奮的顧客稍事休息以便有精力繼續採購。在 19 世紀那個現代服務業還不甚發達的時代，這種行銷手段自然大獲成功，甚至被服務業所接納成為一種新的準則。美國內戰期間創立馬歇爾百貨公司，如今遍布全美有 700 多家門店，是人類歷史上的巨富。參考學者估測，根據通貨膨脹進行調整，他的財富峰值相當於今天的 661 億美元。

04　查爾斯·施瓦布（Charles M. Schwab, 1862-1939），美國早期工業企業家，曾任卡內基公司與美國鋼鐵公司總經理，後來又創辦伯利恆鋼鐵公司。成為美國龐大的鋼鐵生產商之一。

的。我們在修建鐵路、建造船隻、蓋房子、蓋工廠、蓋商店、建設我們的城市、機場的過程中，都有意無意地用上了這兩種因素。但是這兩種因素並不會產生立竿見影的作用。人的思想先要延伸進入到智慧的海洋，然後才會引起一些物質上的現象，而這些物質正是他們理想中和渴望中的東西。

如果你遵循這一法則，這種奇妙的內在力量會在夜間發揮作用，為你理順思路。在夜間的睡眠裡，你可以修復自己的思維，擺脫困擾你的煩惱，擺脫一切憎恨、嫉妒、眼紅、焦慮、憂愁，在思想裡重新強調你熱望已久的理想，為自己已經開始著手的事情增添動力，加強自己對成功的信心，更加堅信自己的計畫會有好的成效。你會驚奇地發現，在你睡眠期間它所產生的作用是何等的奇妙。只要你日日夜夜不停地在想，不停地堅持自己的努力，這個法則就會令你的計畫更加明確，讓你的行動規劃更加清晰而簡明，這正如它能夠將你喚醒去趕火車，正如它對一個發明家、天文學家、數學家在睡眠期間所產生的作用一樣，它會在第二天早晨讓前一天百思不得其解的問題豁然開朗。它會根據你的願望，提高你的效率，弘揚你的名譽，增加你的財富、健康、權利，讓你得到任何你想要的東西。

不論是在哪裡，只要你看到一個人正在做一件非同尋常的事情，你就會發現這個人正在有意識無意識地遵循著這一

法則，時刻在潛意識裡向自己提出強烈的要求，不斷地用強調的語氣重複自己的決心，用強烈的意志作後盾，那麼，他的命令會被萬無一失地執行。

在鋼鐵產業，施瓦布已經做出了一番巨大的事業，因為他對自己內在有著極高的要求。他從來沒有因為質疑或恐懼這個計畫是否能被執行而降低削弱他的欲望，他總是帶著全部的精力、堅定的意志、不變的信念持續不斷地提醒自己，最終將這些要求變為了現實。正是這種神祕的內在力量幫助他實現了早期的抱負，從一個每天一美元的平板車司機變成了卡內基先生在鋼鐵產業的合夥人。

能夠讓馬歇爾·菲爾德從一個農民的孩子逐漸成長為世界商業鉅子，讓愛迪生成為歷史上最偉大的發明家的，也正是這同一種力量。正是在這種力量的帶領之下，林肯才從一個荒野中的伐木屋裡走進了白宮。是它將珀欣放在了美軍駐法部隊的第一把交易之上，是它讓伍德羅·威爾遜[05]從一個教授一步步登上了總統之位，並讓他成為美國有史以來集學術、政治和外交成就為一身的偉大歷史人物。

大多數人在我們本應該成為的人面前，都是矮小的，因

05　湯瑪斯·伍德羅·威爾遜（Thomas Woodrow Wilson, 1856-1924），美國第二十八任總統。作為進步主義時代的一個領袖級知識分子，他曾先後任普林斯頓大學校長，新澤西州州長等職。1912 年獲民主黨總統候選人提名，取代羅斯福為進步主義改革旗手。任內主要的事件有：民主改革、自由女神像照明系統的建立、第一次世界大戰、十四點協議、禁酒令的頒布與實施等。

為我們並不知道自己所具有的力量。我們有著巨大的潛能，然而卻做著微不足道的工作，只因為我們從不曾將自己內在的，能夠讓我們成為巨人的力量激發出來。對於大多數人而言，如果他們能夠應用來自靈魂深處的這條心理法則，那麼，他們目前的成就定然能夠加倍，這條法則必然能夠滿足一個人更大的需求。

從過去的經驗中你能夠得知，每當你走投無路，或覺得自己走投無路之時，你都能夠以一種自己從未曾想到過的方式擺脫困境，沒有這樣的考驗，你恐怕永遠也不會想到這些方法。但問題就在於在你的日常生活中，你並沒有想得太深，所以觸及不到這種內在的神聖的力量。你並沒有找到自己無限的潛力。

在大草原上購買了農場的人有時候會發現，自己的祖先曾試圖在某個地方打井，但是卻沒有挖到水源，於是就將它賣掉了。但是，更具進取精神的買主買下來以後，將這口井進一步深挖，最終找到了地下的活水源，經營農場獲得成功。

無數的人就像是那位農場賣主，他們終身都沒能夠讓自己的思想進入最深的意識層，從而獲得源源不斷的資源，因此，他們的生活是乾渴、乾涸的，產量極低的。如果我們能夠深入自己的內心意識，能夠一直堅持不懈地努力，我們將得到永不枯竭的力量之泉，它足以滿足我們的欲望，實現我們生活中的志向。

第三章　獲得不斷創新的力量

第四章

重新認識上帝

「用你的肉眼，你無法看到我。但我給了你一雙神奇的眼睛，用它，我的力量將被一覽無遺。」

—— 奧里森‧斯威特‧馬登

一戰結束之前，身在前線的一位美國士兵在一封信中這樣寫道：「這裡有許多英勇作戰的戰士，是戰爭讓他們變成了真正的男人。」

這場戰爭不僅讓男人成為了真正的男人，還讓懦弱的人成為了英雄，讓普通的人成為了無所不能的人。

戰場上或戰壕裡都是距離死亡最近的地方，一直處在這種地方的士兵們因此也比以前更加了解到了生命的真實性，感受到了上帝的存在。經歷過這種情形的人要比沒有長時間經歷危險的人感受更為深刻，這種感受就是上帝無處不在。這條至關重要的原則融入了他的全部生命，這條永遠都具有創造力的、關於生命的原則永遠伴隨著他，因此，他的真正自我、他的靈魂和本質將永遠也不會死亡。

炮彈、毒氣、刺刀只能傷到他的肉體，肉體只是靈魂的外殼，靈魂的棲所。士兵們知道，所有這一切都攻擊不到自己永恆的那個部分。士兵們深知，任何東西都無法傷及他真正的自我，因為他的自我是永恆的宇宙不可分割的一個部分。意識到這個真理，意識到他與宇宙共存，他就會在各種情形之下感覺到一種奇妙的信心，他會有種不可言喻的從

容，他會充滿非比尋常的勇氣。這個道理能夠讓他毫無懼色地面對敵人，就如同年輕的大衛手裡只有鵝卵石，卻勇於面對身著閃閃盔甲、手持威力巨大的武器的巨人非力士人（Philistines）一般。（《聖經》舊約中的故事）

　　為這場戰爭而戰的士兵們帶著對未來更大的希望來面對死亡，無疑就會減少很多恐懼，對自己身軀死亡之後會發生什麼也就有了更大的信心，這在以往的任何一場戰爭中都是史無前例的。這一切都來源於我們關於神性的理念正在發生著快速的、天翻地覆的變化，這種變化要比一切科學帶來的變化都大得多。

　　我們不再崇拜自己的祖輩所崇拜的那個嚴厲、刻板、片面、不可捉摸的上帝，我們對上帝有了一個全新的概念，這個概念讓上帝從高高的雲端裡來到了我們每個人的生活中。今天我們知道，上帝就在不遠處，與我們同在。我們知道，上帝存在於每一個原子中，在宇宙中的每一個電子當中；我們知道，任何一個物質微粒如果沒有上帝在裡面是不可想像的，因為上帝是現實的，是他所創造的每一個事物的靈魂所在；我們知道，所有能夠體現真、善、美的東西，任何能夠表現善意、愛和幫助的形式都是上帝的體現。我們開始能夠用自己的肉眼看到上帝，也就是說，我們開始能夠在世間存在的每一件事物中感覺祂的無限力量。

有一天，當外出觀察大自然的愛默生正專注地看著不同的事物時，一個無意中聽到他的朋友大呼：「上帝，全都是上帝的體現。」

　　現在，上帝對許多人來說已經是一個十分明顯的事情了，宇宙中的一切事物都活生生地體現了祂的存在。我們知道，我們就是祂切切實實的一部分，祂伴隨著我們的生活、我們的一舉一動，祂是真實的、現實的。我們已經知道了要在生活中時時處處去尋找上帝，我們在每一個生物、每一項發明中都能夠看到上帝的存在，我們知道，我們的呼吸就是上帝在呼吸，它具有宇宙萬物間最偉大的創造力量。

　　這種對上帝的全新理念向我們表明，祂與自己創造的萬物密不可分，就好比陽光無法和太陽分開是一個道理。它向我們表明，創造力是持續不斷、永不停息的一個過程，它無法單獨存在，或暫時停留片刻，也無法脫離永遠不停創造的萬物主宰──上帝。我們知道，不管是醒著還是睡著，我們生命的每一個瞬間都是由祂創造的，如果我們與這種創造一切、支援一切的偉大力量相分離，我們將不再呼吸，心臟也不會再跳動。

　　這種全新的上帝觀念將會擊碎宗派和信條的障礙，形成一個全新的宗教。所有的信仰和信念都將在一種強烈的兄弟之情中攜手來到我們面前，這是以往從未曾有過的。古老的

憎恨將會被消滅，古老的偏見亦將被埋葬、遺忘，這個世界再次真正處於和平、安定之中，我們的教堂將會在新的地平線上重新建起。未來的宗教將會是海納百川的宗教，宗教信條也將失去存在的必要。我們將被融入同一個大家庭之中，因為這場戰爭十分明顯地突出了一個問題，讓我們的注意力又重新回到了一個古老的真理當中——我們都是兄弟姐妹，我們都是上帝的孩子。我們的思想認識提高到了另外一個階層，明白了一個更大的真理，了解到一個更全面、內容更豐富的生活，更好的思維、生活方式，這種方式承載了人類對上帝全新的看法。

雖然世界的絕大部分尚且處於動盪和不安定的狀態下，但是這種全新的上帝觀，這種將一切統一於一體的理念不僅會促進我們的文明，而且還能讓全世界的人看到，自己成為具有神聖力量的主宰是完全可能的，看到我們掌握自己命運、控制改變局面、按照自己的意願改造環境是完全可能的。

認識到自己的神聖，認識到自己和上帝的同一性，是一個人掌握自己命運的第一步。但是，只要你還認為自己和造物主之間是分隔的，你和上帝之間的這種子嗣關係就不會太過融洽；只要你還認為自己是一個獨立存在的物體，像一個孤獨的原子一般，在宇宙中自生自滅，承受著世間各種形式

的不幸，那麼，你將永遠無法朝著主人的方向前進。正是你感覺到自己和上帝之間的密切關係賦予你力量。如果你對自己的生活和生活的本質有所感覺，認為上帝包圍著你，你就能感覺到自己具有主宰一切的力量，你就會成為命運的主人。否則，你將會是一個弱者。

正是這種「上帝就在他們身上」的理念才使得我們的士兵勇於在這場偉大的戰爭中變得令人如此敬畏，顯示出如此強大的戰鬥力。他們堅信自己和擁有無上力量、全面智慧的主緊密相連，這是這種理念支持和激勵著他們為文明而戰。他們已不再像過去那樣懼怕死亡這恐怖的彼岸，因為他們知道，上帝就在他們的生命中，他們和上帝是絕對不可能分開的。他們深知自己身上所具有的神性，這種神性永遠不會滅亡，一粒子彈或炮彈又怎能奈何得了它，只有精神的外殼，即人類的肉體才會受傷，才會被毀滅。了解了這一切將會令他們無所畏懼，面對死亡不會再像先前那般恐懼。

不論是在和平中還是在戰爭中，這種新的上帝觀念會讓每一個人都堅信，任何東西都傷害不了他，即使是死亡也無法改變他真正的自我，因為他是上帝的孩子，他的身體裡流淌著祂的血液，讓他更加真實，並且能夠抵禦任何外在的傷害，更不會失去什麼。

第五章

告訴自己：「你做得到！」

「生活是一場戰役
但無所謂誰更強壯　誰更快
只因最終獲得勝利的
是認為自己一定做得到的人」

—— 奧里森·斯威特·馬登

「如果有人說，『我做得到，我要去做，我會去做』，這種信念必將支持著他堅持到底。」

說過這句話的人正是用這種力量戰勝了不可思議的困難，最終坐在了華盛頓的國會大廈裡。

如果說，有誰勇於對年輕人直言相諫，令那些到處抱怨自己沒有機會、無法克服橫在成功道路上各種障礙的身強力壯的年輕人感到無地自容的話，那麼，這個人便是喬治亞的州議員，來自亞特蘭大的威廉·D. 阿普肖[06]。

十八歲在父親的農場上工作之時，一場突如其來的事故幾乎打斷了他的脊柱，他在床上整整躺了七年，忍受了極度的痛苦。隨著身體的漸漸恢復，這個年輕人後來能夠從床上起來，坐到輪椅上，重新開始學習和工作了。他為當地的報紙撰稿，坐在自己巧妙設計的活動椅上公開為人們演講，駕著輪椅車四處兜售報紙上剪輯的文章，六年後，他終於賺到

06　威廉·D. 阿普肖（William David Upshaw, 1866-1952），美國政治家、國會議員，是禁酒運動的強烈支持者。

了足夠的錢，設法讀完了位於喬治亞梅肯的摩斯大學。該大學聘請他為慈善基金工作，他成功地為該基金籌集到了五萬美金。除了支付自己的一切費用外，他另外還為貝西狄福特女子學院籌集資金，這次他籌集了將近十萬美元。後來，他用自己的收入幫助了五十二個女孩完成了大學學業。在他進入國會議員競選之前，阿普肖先生的身體已經恢復到了能夠拄著雙拐走路的程度，透過自己慷慨激昂、鼓舞人心的演說，他擊敗了其他六個極有聲望、且經驗豐富的競爭對手。

儘管這個年輕人貧窮、跛足，忍受了多年巨大痛苦，他卻從沒有「哼」過一聲，或者向其他任何人請求過幫助，他卻仍然能夠向著勝利前進。與他相比，今天竟然還有那麼多的強壯、健康的年輕人在等待機會降臨，還等著別人去提拔他們！

舉個例子說明，我這裡有一封信，是一位年輕人寫給我的，他告訴我，「年輕人只要具有贏人一籌的能力就會有機會」這種想法完全是錯誤的。他說：「高薪職業實在是太少了，整個商業已經進入了一個特定階段，一個能力在五萬美元的年輕人，每週的薪水卻只能拿到二十五美元。檔案櫃和一些現成的參考資料已經代替了過去的計算和記帳，新的理念已經將許多大的商業機能融入一個有機整體，因此，只有精力旺盛、無比熱忱，無論從體力還是智力的角度來說，都

具備從事任何委託給他的任務的能力的年輕人；只有工作起來忘掉時間，一門心思想著如何能出色完成分配給自己的任務的年輕人才能進入商行。不論他是多麼熱切、多麼有雄心，他的特定工作範圍是被指定好的，他不可以越界進入公司的另一個部門，也不可以將自己的想法建議給公司的主管。他的服務價值是按照一個年輕的、沒有經驗的新手來衡量的，薪水很少。加薪情況也是如此，或許兩年加一次，每週加一美元。如果他覺得這樣的工作毫無前途，放棄它進入另一家公司，可是結果還是一樣。有時也會有一些大的機會，但是，更有才能的人往往多於更大的機會。是機遇讓某個人來到某個職位。」

　　寫這封信的人所持有的思想態度，正是當下千千萬萬有足夠能力獲得成功的年輕人對成功所報有的態度。他們並沒有說：「我做得到，我要去做。」相反的，他們說：「我做不到，我不要去做。」這樣一來，他們當然就不會成功了，沒有了成功的意願，就算是再偉大的天才也會成為失敗者。

　　一戰期間的協約國聯軍最高統帥福煦元帥[07]不僅成功地挽

07　費迪南‧福煦元帥（Ferdinand Foch, 1851-1929），法國陸軍統帥、軍事家。一戰時期任協約國聯軍總司令，法國高等軍事學院畢業，1918 年 7 至 8 月間指揮協約國軍分別發動攻勢，對德國埃里希‧魯登道夫將軍（Erich Ludendorff）予以沉重打擊。8 月 6 日獲法國元帥軍銜。同年 11 月 11 日代表協約國與德國代表在康比涅森林的雷道車站火車上裡簽訂停戰協定（史稱「福煦車廂」）。1919 年起任協約國最高軍事委員會主席。戰後，獲英國陸軍元帥和波蘭元帥稱號。著有《作戰原則》等軍事著作。

救了法國，而且讓全世界都免遭德國人的屠殺。勝利之後，他說：「我只有一項優點，那就是從不氣餒。勝利靠科學是對的，但是也要靠信心。如果一個人有信心，他就不會後退，會隨時隨地發現並擊退敵人。

戰略科學是必備的，但它既不是一組配方，也不是一套原理，而是軍隊領袖必須時刻牢記，並讓它成為自己一個部分的原則，只有這樣這個原則才能指導他做出正確的決定。

這條思想原則可以透過研究歷史，以及一些具體的例子來獲得。這條原則必須深深烙印在每個指揮官的意識當中，他的每一個行動必須基於準確的情報，而並非基於自己事先認為的一些想法與假設。但是，一個人就算擁有最優異的智慧才能，如果沒有取得勝利的意志，也是毫無意義的。」

「我做得到，我要去做」是一條激勵著無數軍隊和個人的口號，在強大的困難面前，正是這條鼓舞人心的口號能夠讓戰士們反覆將敵人擊潰，一直向著勝利前進。

正是這種勝利的意志和「我做得到，我要去做」的口號讓一個窮苦的男孩在經歷了連續的、令人沮喪的失敗後，終於為紐約市建起了一座最美麗的商業建築 —— 伍爾沃斯大樓。外國建築師們宣稱，這座位於紐約商業中心的大樓是世界上最美麗的商業建築物，稱它為「童話宮殿」、「石之夢」。

讓這座大樓從夢想變成現實，奉獻給世人的正是弗蘭

克·W. 伍爾沃斯[08]。他出生在紐約州的一個小農場上，家境貧寒，除了一個健康的身體和非凡的勇氣外，父母沒有給他任何東西，但正是這種特有的勇氣令許多美國人實現了自己的目標。他的事業生涯是從一個小雜貨店開始的，這個面積不大的商店的業主是紐約大本德車站的站長，商店就開在貨運棚的一個角落。他剛開始時的工作是做雜貨店店員兼站長助理，沒有薪水。在一個更大一點的商店裡，他的薪水是每週 3.5 美金。儘管他堅持不懈地努力工作，但是連續幾年來他所能夠看到的結果就是失望和失敗。雖然他很失望，而且極度貧窮，但是他仍然咬牙堅持，最終的結果是，他建起了一千零五十個百貨連鎖店，擁有六千五百萬美元資本，為幾千個人提供了就業機會，建起了高度超過其他建築的伍爾沃斯大樓，擁有讓人敬愛的男子氣概，成為一個在最艱難的環境下，靠誠實獲得成功的典範，他的故事激勵著每一個有著成功欲望的年輕人。

當有人問起法拉格特將軍[09]他是否為失敗做過準備時，他

---

08 弗蘭克·W. 伍爾沃斯 (Frank Winfield Woolworth, 1852-1919)，美國企業家、伍爾沃斯公司創始人。伍爾沃斯公司創建了世界著名的「五分-一角」零售百貨連鎖商店。伍爾沃斯也是第一個將顧客和商品直接接觸的消費模式的創建人。

09 法拉格特將軍 (David Glasgow Farragut, 1801-1870)，美國南北戰爭的一位海軍將軍。他是美國海軍第一位少將、中將和上將。出生於美國田納西州諾克斯縣的一個小鎮，如今以他的名字「法拉格特」命名。他參加過的戰役包括 1812 年戰爭、美國南北戰爭、奧爾良之戰、維克斯堡包圍戰、哈德森港口包圍戰和莫比爾灣戰役等。1870 年他在新罕布什爾州樸茨茅斯去世，享年 69 歲，被埋葬在紐約伍德勞恩公墓。

回答道：「當然了，我從不為失敗做準備。任何為失敗做好了準備的人，還沒等開始就已經失敗了一半。」

你是否抱著必勝的目的，咬緊牙關，用堅定的意志去做一件事，你是否在剛開始的時候就打算一鼓作氣進行到底，還是抱著走一步看一步的心態，如果沒有感到特別大的困難，就繼續下去，但如果事情進行得不順利，你也可以隨時找一條退路。以上的態度對於最後的結果至關重要。抱著必勝的信心去做一件事就已經贏了一半，倘若只抱著參與的態度去做，而且為失敗做好了準備，那麼，他就會像法拉格特將軍所說的那樣，還沒等開始，就已經失敗了一半。

在德國人的野蠻進攻之下，協約國聯軍曾面臨著全軍覆滅的威脅，一位法國軍官建議撤軍，然而一位美國軍官卻回答道：「我們將這支部隊給你，是因為它根本不知道『戰敗』一詞是什麼意思。」後來，憑藉著勇氣和絕不屈服的意志，美國軍隊英勇地守住了自己的領地，最終將敵人趕出了戰場。

無論是戰爭時代還是和平時期，只有這樣的人才能獲得勝利。這個世界永遠都需要這樣的人，從來不知「失敗」為何物的人、你永遠無法讓他倒下的人、在任何情況下都不會失去膽量不會退縮的人。你完全可以信賴這些人，試著打擊他們永遠都是徒勞，他們要麼就勝出，要麼就戰死。

新的生活哲學告訴我們，我們生來就是要獲勝，而不是去失敗。只有當我們缺乏勝利的意志之時，我們才會遭遇到失敗，對於一個大無畏的、堅定的靈魂來說，失敗不會是最後的終點，只不過是中途經過的一個小站，他可能會暫時碰到失敗，但絕不會改變自己前進的大方向。具有優秀特質的人，總是不停地朝著自己的目標前行，如果在到達之前他不幸摔倒，他會抬起頭面向著自己的目標，就像勇敢的士兵即使倒下了，目光仍會面向著前方。

　　你在事業剛開始的時候，就必須深刻了解自己，自信會做得很好。除了你一心想要做成功的事情之外，心中再無其他雜念。這樣的決定會鑄就你的個性，令你整個人無比振奮。它會令一個人時刻保持自己獨特、剛毅、精力旺盛的特徵，向著目標前進。它意味著一個成功的有雄心壯志的人勇於破釜沉舟，背水一戰，為了自己的目的全力以赴，最終不惜任何代價獲得勝利。

　　不久以前，有一個名為威廉·申克，住在長島的海邊的盲人男孩，他就是這樣理解自己的。雖然他有很嚴重的殘疾，但最後他仍然以全班第一名的成績從紐約市立高中畢業，他所在的班級有一百五十五名學生。畢業會考中他的英文成績獲得了最高分，並獲得了一百美元的獎學金。對於這樣一個具有不屈不撓的精神、堅定的勝利決心的年輕人，誰

會對他的前途和未來表示懷疑呢？他已經下決心要成為一名律師，毫無疑問，在接下來的幾年中，他不僅會遠遠超越自己的同班同學，而且還會超過成千上萬身體健康，卻等著別人來督促的普通年輕人。

一個沒有什麼錢，很明顯也沒有任何明確的目的，生活中也沒有任何目標的年輕人寫給我一封信，他說自己似乎缺乏能力和勇氣做些什麼事情，他想知道如何才能「做成一些事情」。

那麼，只有一種辦法才能讓你做出些事情來，這種方法也讓全世界許多原本一窮二白的年輕人後來成為世界上令人矚目的名人，甚至改變了這個世界。年輕的亞伯拉罕·林肯、湯瑪斯·愛迪生、約翰·沃納梅克[10]、詹姆斯·J. 希爾[11]、馬歇爾·菲爾德[12]以及世界各地許許多多其他年輕人就是用這種方式讓某些事情發生了。

只有勝利意願強烈的人，具有「我做得到、我要去做」精神的人才能夠找到機會、創造機會，就像船隻失事後漂流到荒島上的魯賓遜·克盧梭（Robinson Crusoe）一樣。

10　約翰·沃納梅克（John Wanamaker, 1838-1922），美國實業家、宗教領袖。商業廣告的強烈支持者，被認為是百貨商店之父。1889 年被美國總統班傑明·哈里森任命為美國郵政部長。成功將每年 5 月第二個星期日定為美國的母親節。

11　詹姆斯·J. 希爾（James J. Hill, 1838-1916），美加鐵路公司總裁，大北部鐵路公司 CEO，有生之年被授予「帝國的締造者」稱號。

12　馬歇爾·菲爾德（Marshall Field, 1834-1906），美國實業家、馬歇爾·菲爾德百貨公司的締造者，其經營理念是「為顧客提供優質的服務和產品」，也是著名的慈善家，為「菲爾德自然史博物館」成立了基金會，為芝加哥大學捐助了土地等。

法雷迪·道格拉斯[13]，一個出生在奴隸莊園的貧苦奴隸，自我發展和自我提高的機會對他而言幾乎是遙不可及的一件事，他的情況幾乎和魯賓遜一樣，沒有一個朋友、看不到任何希望。假如當他清醒過來，意識到自己身上沉重的枷鎖和毫無希望的情形後對自己說，「我在這裡只是一個奴隸，不論我多麼有抱負有志向，或者我多麼急於擺脫目前的情況，但這些對我來說，都是不可能的，因為我的出身就是奴隸。我的父母是奴隸，我們的祖祖輩輩都是奴隸，我不可能有機會受到教育，也不可能離開這個莊園，到外面的世界去。根本不會有人教我認字，即使是字母表也不可能，因為教奴隸識字是犯罪。我必須遏制自己身體裡不斷高漲的志向，因為我根本就沒有條件來滿足它，所以，這是不可能的。這種志向只能讓我更加悲慘，所以，我必須將它深埋。像我這樣一個連自己的身體都不屬於自己，身無分文的人竟然還夢想自由，夢想受教育，簡直太傻了。對於奴隸而言，是沒有任何機會做任何事情的。」

　　假如說他就按照這個思路去說服自己，我們今天是否還能聽說這個人？當然不會了，他會像數以百萬的奴隸那樣，默默無聞地出生，再悄然死去。但是他有勝利的意願，他並沒有說，「我不行，我不會去做」，而是說，「我做得到，我

13　法雷迪·道格拉斯 (Frederick Douglass, 1818-1895)，美國非洲人社會改革家、廢奴運動演說家、作家、政治家、外交家。曾出身奴隸。

一定要靠自己的努力改變自己奴隸的不幸地位。」他喚起了自己內在的神聖力量，一種潛伏在每一個人身上的、隨時等著你去召喚的神祕力量，征服了顯然無法跨越的，阻隔在他和自由、受教育之間的障礙。他從貼在欄杆上的海報上、從印刷物的碎屑上、從一本莊園中撿來的舊年曆中學會了字母表，在他真正識字之前，他從來沒見到過一本真正的書。

這個小小的奴隸男孩就在這種惡劣的環境之下，從渺小的點點滴滴開始，設法獲得自由和這種特殊形式的教育，最後，他引起了美國總統的注意，被任命為美國駐海地外交大臣。為了讓自己的種族擺脫奴役，他進行艱苦卓著的奮鬥，獲得了國際聲譽，並為這項偉大的事業奉獻出了自己的生命。

像法雷迪·道格拉斯這樣的故事，像他這樣波瀾壯闊的成功的卻為數不多，然而，單單美國歷史上就有很多類似典範，比如說亞伯拉罕·林肯、班傑明·富蘭克林、亨利·克萊[14]、伊萊休·伯里特[15]的故事，以及現在正活躍在世界偉大的事業當中的人們，如查理斯·M.施瓦布、路德·貝本[16]、

14 亨利·克萊 (Henry Clay, 1777-1852)，美國參眾兩院歷史上最重要的政治家與演說家之一。輝格黨的創立者和領導人。美國經濟現代化的宣導者。他曾經任美國國務卿，並五次參加美國總統競選。儘管均告失敗，但他仍因善於調解衝突的兩方，並數次解決南北方關於奴隸制的矛盾維護了聯邦的穩定而被稱為「偉大的調解者」，並在 1957 年被評選為美國歷史上最偉大的五位參議員之一。

15 伊萊休·伯里特 (Elihu Burritt, 1810-1879)，美國外交家、慈善家、作家和社會活動家。

16 路德·貝本 (Luther Burbank, 1849-1926)，美國植物學家、園藝學家，農業科學的先驅。

湯瑪斯・愛迪生、亞歷山大・格拉漢姆・貝爾[17]以及其他一些傑出人物。正因為他們有成功的欲望，所以，即便是微乎其微的機會，他們也絕不會錯過，而這種機會在今天對於一個最貧窮的孩子而言，也是件極為稀鬆平常的事情。每當我們想起這些人，讀到他們栩栩如生的故事之時，我們就應該知道，這些人在極度困難的條件下演繹出的非同尋常的成功故事應該是一枚枚重磅炸彈，將那些優柔寡斷的年輕人的藉口，那些所謂的大到無法克服的困難和無法逾越的障礙炸個粉碎。他們應該為自己沒能全心全意而感到羞愧，應該受到鼓舞，使出自己全部的力量。自己的力量一旦得到使用，要遠遠大於那些令自己感到畏懼的困難。

　　許多年輕的藝術家看到偉大的傑作之時，總是對自己說，「我為什麼就做不到？」然後，他用「我做得到，我要去做」回答了自己的問題，然後，他做到了。有千千萬萬的年輕人，當他們聽說、看到一些了不起的人在自己的領域中取得了偉大的成就，名揚四海之時，就會對自己這樣說，然後，他們也做到了。他們用實際行動回應了「我做得到，我要去做」，努力奮鬥，頑強克服各種障礙，最終達到目的。

　　「我為什麼就做不到？」是一個催人奮進的質問，它喚醒

17　亞歷山大・格拉漢姆・貝爾（Alexander Graham Bell, 1847-1922），蘇格蘭出生，加籍、美籍發明家、實業家。他獲得了第一臺電話機的專利權，創立了貝爾電話公司（AT&T 公司的前身），2004 年，加拿大廣播公司舉辦的「最偉大的加拿大人」評選中，貝爾獲選為「十大傑出加拿大人」。

了無數才華橫溢的人，讓他們意識到了自己的潛在能力，讓他們以最大的程度將自己潛在的能力發掘出來，並透過它最終獲得成功，他們用實際行動回答了這個問題。

對於「我為什麼做不到？」這個問題，今天有成千上萬的，機會只及你一半的年輕人將會回答「我做得到，我要去做」。靠著這種信念，你的周圍就會有這樣一些人，他們就在你不停抱怨的所謂壞運氣的情況下，在看似相當普通、平常的條件下取得了巨大的成功。靠著這種信念，一定會有某個年輕人就在你所擁有的條件下，用辛勤勞動創造出一番輝煌的事業。那麼，你為什麼就做不到呢？

讓我來替你回答這個問題吧 ——「你做得到，但是你願意去做嗎？」

這裡存在一個問題。你隱藏了自己那一份在生活中獲得成功的特質，這種特質是每個人都具有的，但是，你願意將它挖掘出來，讓它進一步發展嗎？你願意呼喚那個內在的強大自我，投入全部精力實現自己的目標嗎？你也許並不十分願意或根本就不願意將這種力量呼喚出來？你也許並沒有付出辛苦將自己內在的這種特質發展起來，而是沿著原路漫不經心地往前走，最終只能在中等或差等職位中找到自己的位置 —— 做一輩子職員，永遠將自己限定在小小的空間裡或打字員的工作上。你會像其他許多人那樣，從始至終從事一些機械性的例行工作，並滿足於這種輕鬆的生活嗎？你會像他

們那樣，只是勉強過日子，卻從來不利用自己的能力讓自己有所提升、更加完善自己做事的方式，或者開發自己更大的潛能嗎？

不管你是出生在茅草屋裡還是在高樓大廈裡，這一切都不重要，只有在你的內心深處，你才能找到讓自己取得成功的東西。如果你有強有力的精神後盾，你就不會急著說自己缺乏能力或沒有文化，並把它當作平庸或失敗的藉口，正如福煦元帥所說：「如果沒有取勝的意願，一個人就算擁有再優異的特質與天賦都毫無意義。」

如果你有取勝的意願，你將不會因周圍的環境和情形而感到煩惱，你將不會認為，在你打算做一件事之前，你必須擁有全套最精良的裝備。那些完成了了不起的大業的人，也並沒有等到萬事具備才開始動手。今天能夠成就大事的年輕人並不會等著有誰去為他開闢一條道路，或者在他開始工作之前，就有人將所有的困難和障礙都替他清理乾淨。不，他們的開始也只是利用手頭一切可以利用的條件，比如說紐約州州長艾爾弗雷德 E. 史密斯（Al Smith）就是從賣報紙、跑腿辦事、在富爾頓魚市賣魚以及做其他一些力所能及的工作起家的，但不論他做什麼，眼睛始終都盯著那個最終的目標。雖然這個躊躇滿志的人還沒有達到目標，但他卻在不停地攀登，不停地進取。

成就一個偉大的人，並非依靠外界的條件或絕佳的機會，也不是依靠有影響力的人脈或巨大的財富，人的偉大力量就存在於一個人的內部，別無他處。你所尋求的絕好機會就在你自己的手中。成功並不在於你的環境，並不在於你的運氣或機會，也不在於別人給你的幫助，成功全在於你自己。找到深埋於心靈深處的力量，它將帶領你達到自己的目標。

　　這種力量是你所具有的最寶貴的東西，是你最高層次的自我，這種力量不會回應那些不夠堅定的召喚，也不會理睬任何缺乏動力的行為。只有用你最大限度的呼喚和努力才能將它呼出，因為它只對你全部的而不是部分的呼喚做出應答，你必須全身心投入你努力要去做的事情。你必須用身體內全部的能量、不可挫敗的意志、你最大的努力、你堅持不斷的勤奮或出自你內心最強烈的意願來實踐自己的任務。你必須用自己全部的天性、用無限的熱情和堅定不移的取勝決心，帶著不思退路、永不言敗的決心來支持自己的遠大志向。你必須將自己全部投入到自己的呼喚當中，否則，你的生活將永遠也無法達到預定的高度。

　　那種不堅定的召喚和缺乏動力的努力只能到達這種強大自我的最淺表層，它只能觸及你無限潛力的表面部分，它不會讓你得到任何有價值的成就。只有神聖的呼喚和神聖的意

志、最大的努力、強烈持久的實踐才可以打開你的內在寶藏之門，才會賦予你最偉大的力量。

誰都無法擁有成功的特權。任何的成功都需付出代價。自我發展是成功的必要條件，獲勝的意願才是關鍵所在。有數以百萬的年輕人只因缺乏這兩個條件才會導致失敗，然而實際上他們卻具備成功所需的一切條件。

有的年輕人看起來並不是真的相信自己能做成比現在更了不起的事情，這樣的人，我幾乎沒有和他們談論過生活中的成功。我常常質問他們，「你為什麼不去做呢？」、「你明知道自己有能力能比現在做得更好，但為什麼你不去做呢？」他們的回答通常表明他們害怕前進，他們不信任自己，他們的意志薄弱，橫在他們面前的障礙似乎很強大可怕，或者有什麼事情、什麼人拖著他們的後腿，讓他們難以下定決心。

可是你是否知道，你面前的這道門（成功）讓你如此苦惱，很明顯是因為它關得太緊。在你面前的這道門只能出現在你的夢裡，因為你似乎不具備打開這道門的這種能力，得到門背後的一切，是你自己用不正確的態度將這扇門緊緊地閂住了。那麼，你是否已經採取了適當的步驟準備去打開它呢？你是否已經將目前的工作做到了極致，所以才感覺需要更大的空間、更高的層次來發揮自己的才智能力？

這個世上原本有著無數成功的機會，但是卻有那麼多人

在說，這些事情是不可能實現的，企圖去做那些事情對於任何一個人來說，都是在浪費時間，都是在做傻事。你也會發現，總會有人告訴你，你不可以去做你想要做的事情，因為這件事非同尋常，太不一般，不在平常人所走的道路之上。人們將會告訴你，嘗試著走自己的路往往會損失慘重，你最好還是回到平常路中間吧。但是提這種建議的人永遠不會是成功者。西北部帝國的締造者詹姆斯·J.希爾曾經就夢想過在鹽鹼地平原上建起興旺的小鎮，繁榮的城市，繁茂的農場，而在其他人看來，那裡只不過是野蠻人和野狼出沒的灌木叢而已。許多人嘲笑過他的夢想，認為在一片荒漠之上建起一座繁榮的文明城市簡直是荒謬，但是他卻用強大的意志、必勝的決心、不解的努力最終實現了它。他的夢想成為了現實。當這個永不止步的追夢者辭世後，西北部所有的偉大人物都表示了沉重的悼念，人們將永遠銘記他巨大的貢獻。他的葬禮於兩點開始舉行，屆時，北太平洋大幹線上的所有火車，伯靈頓和俄亥俄公路上的一切車輛都要停止運行，在原地停留五分鐘以示哀悼。與此同時，許多地方的工廠、商店在這一刻也停下了手頭的工作，共同在這默哀的時刻悼念這位偉大的鐵路人和他為世人做出的貢獻。在他的家庭所在地聖保羅，所有的學校都放假一天，州長致辭道：「詹姆斯·J.希爾的辭世讓我們失去了一個最好的朋友。」

許多年輕人讀了這位偉大的加拿大人的傳奇故事後，不禁會問自己「我為何做不到」？這個加拿大人只是一個窮人家的孩子，卻在這個世界上完成了如此不可思議的工程，為自己贏得了「帝國締造者」的頭銜。

　　那麼，就讓我再重複一次，你做得到 —— 但是你願意去做嗎？比起你的先輩，你有更好的機會把握生活，為這個世界做些什麼，然而，他們卻名揚四海了。你是「時代的結晶」，如果你願意，這個時代已經賦予你良好的環境、優越的條件、以及潛在的機會。向前走，做你想要做的事情，只要你願意，你就做得到。從現在就開始，不要等到明天，明天未必會比今天更有利於你，今天就是這一年中最好的一天，今天就是你向著目標啟航的一天，讓今天成為你邁向目的地的第一步。你生來就是個勝利者，你最終能否取得勝利，一切均取決於你自己。

第六章
流浪貓意識

「外表氣質影響著個人的好壞。」

思維的局限必將制約一個人的進步。

—— 奧里森·斯威特·馬登

約瑟夫·佩里·格林[18]曾在紐約舉行過一次演講，演講中他引用了下列一則故事：

一隻普通的混種貓常常在巷子裡碰到一隻波斯貓。這隻普通的小貓注意到，人們似乎都很喜歡波斯貓，她總是受到人們的寵愛，得到人們的食物，人們見了她總喜歡喊她的名字，對她那麼好。但是對於這隻混種貓而言，情形卻完全相反，沒有人前來撫摸她，而且每個人似乎都在躲著她。喜歡追著她到處跑的，除了調皮的男孩子和狗之外，還有附近的其他野貓，這些貓總是不停地和她發生衝突，不停地辱罵她。

有一天，她問波斯貓，到底是什麼讓她們兩個之間的命運有如此大的差別，為什麼受到良好待遇的總是波斯貓，而她，這隻可憐的流浪貓，卻遭受如此不公正的待遇？波斯貓回答道，為什麼？那是因為我總是傲氣十足，因為我知道自己是一隻貓咪。你得到這樣的待遇，是因為每個人都能看到，你認為自己只不過是一隻可憐的、卑賤的混種貓而已。

18　約瑟夫·佩里·格林 (Joseph Perry Green)，美國哲學家、20世紀初美國「新思想運動」的牧師。

這隻可憐的雜交貓感覺到十分難過，十分苦惱，就問她如何才能改變這一切。於是波斯貓告訴她，她應該反覆對自己說，我是一隻漂亮的貓，每個人都喜歡我，每個人都對我很好。於是，這隻流浪貓就開始這樣做，很快她就發現自己受到的待遇開始發生了本質上的改變，這種變化鼓勵著她不斷向著更好的方面去想，她不停地堅信，自己就是一隻高貴的貓咪，漸漸地，這種想法得到了大家的認可，雖然她並不具有波斯貓的血統。然而，她卻接受了波斯貓的思想和意識。這種波斯貓意識透過她所接受的更強烈、更豐富的思想傳達了出去。」

這則寓言故事可以應用到我們每個人身上，我們腦海中的自我形象強烈地反映了我們當前的生活情形，表現著我們的快樂與不快樂，反映著我們的進步與退化。不論我們對自己是一個什麼樣的看法，它都會被我們創造性的思維融入生活中的點點滴滴中，我們最終將會成為自己想像中的那個人。

這種流浪貓意識，也就是說總認為自己不行的想法，讓許多本來能得到更大成就的人過著淒慘的日子，平凡得不能再平凡。

只要我們抱有這種思想，我們就會成為它的犧牲品。只要我們不停地想，我們很貧窮、沒有吸引力、不成功，只要我們將自己想像成無能的、缺乏創意的、沒有管理能力的、

不具備合理的判斷能力、優柔寡斷、沒有魄力、沒有別人的建議和意見就永遠也拿不定主意的人，我們就無法超越自己為自己設下的限度。時間長了，這些想法和想像就會讓那些我們原本想要去除的東西永久地留在我們的生活中。我們對自己的缺點和不好的一面或者想要竭力擺脫的事情想得越多，這種不幸的情形就會對我們影響越大，它就像一根繩索，緊緊地捆綁著我們。

　　這麼久以來，這隻不快樂的流浪貓一直和這隻美麗富有的親戚——波斯貓生活在一起，腦子裡充滿了自卑感，那麼，她的生活不可避免地就會出現糟糕的局面，她從來也沒想過自己也能成為一隻美麗的貓咪，她也有自己的幸福和財富。但是，當她改變了自己的想法之後，她開始對自己有了更高的認知，她認為自己具有自己想要的美麗和特質，於是她發現自己不僅在外表上發生了變化，而且發現自己一貧如洗的狀況也發生了改變。

　　你一定要擺脫這種流浪貓意識，將自己的理念提高到另一個層面，更多地想一下自己，將自己想像成你渴望已久的樣子，而不是你那些自卑的想法和原來的老樣子。

　　在思想裡將自己看作是一種無足輕重的、次等的、有缺陷的人，對於一個人更大、更好的發展而言，是一個致命的打擊。如果我們抱有一種不如他人的思想，時刻想著自己的

缺點、覺得自己能力低下、沒有個性，並讓這些想法不停地停留在腦海裡，那麼，我們的生活就會在不知不覺中不斷地向著這種不好的模式發展。

　　許多人總是認為自己不如他人，這種想法會給他／她的生活帶來很嚴重的負面影響，這是早期的影響帶來的結果。如果讓一個孩子在思想上極具可塑性的時候產生了一種錯誤和消極的想法，那麼，這種想法就會逐漸在思想中變得根深蒂固，無法輕易根除。今天有無數的優秀年輕人，擁有一流的品格卻過著無聊、狹窄、有限的生活，做著一些微不足道的事情，淹沒在平庸的人群中埋頭苦幹。若不是從小被老師和家長灌輸了一些保守、狹隘的思想，這些人完全可以在世界上大展拳腳，做出一番大事業來。

　　說孩子遲鈍、傻、不如同齡的其他孩子聰明，永遠也做不了大事，讓孩子產生自卑心理，在其他人面前感到自慚形穢的老師和家長簡直就是在犯罪。我們應該教育每一個孩子，讓他們渴望成功，讓他們對上帝賦予自己的、能夠為這個世界上做出有意義的事情的能力堅信不疑。他應該時刻牢記，他的遠大目標就是要將自己的內在潛力充分發揮出來，為人類做出貢獻。應該不斷地告訴他，他的潛能是無限的。我們不僅要讓每一個孩子都明白，他們有望做成大事，而且還要讓他們相信，自己生來就應該得到全面的發展，成為一

個綜合素養高的人，就好比一個橡果注定會長成一棵高大的橡樹一樣。

對於許多不成功的人來說，他們最大的問題就是對自己的評估低得可憐，然而大多數情況下，這樣的結果都是由錯誤的教育導致的。他們對自己多多少少有點無可奈何或洩氣的感覺，因此總覺得自己不可能實現更大的自我。他們不但沒有在思想中將自己看作是超凡的人，他們更高一層的自我，相反，他們將自己看作是一個可憐的矮人，一個被貶低的自我。這種自我印象牢牢地限制、影響、阻礙著他，讓他無法全面實現自己作為一個人的神聖價值。

在過去，奴隸和罪犯被確定為「我是一個逃亡者」或「我是一個賊」，或者用其他一些標記、語言來表明他們小偷的身分或是次等地位之人。奴隸主用灼熱的烙鐵將這種標記烙印在奴隸的身體上，有時這些烙印就在身體的暴露部分，比如前額或臉頰之上，這樣一來，每個人都能看得到。在今天看來，這是件極為可怕殘忍之事，然而，今天我們又有多少人在思想上給我們自己打上了各種各樣認為自己次人一等的烙印，在和他人交往之時，我們總覺得自己是一個奴隸或是一個走卒，殊不知我們完全可以像一個國王那樣施展自己，像造物主一樣創造奇蹟，我們完全可以！

不要忘了，「你的看法預示著你自己最終的狀態。」

如果你想要向上攀登，到達一個更優越的自我存在的高度，你就必須將自己內在最好的東西、最正確的方法、最高的境界展示出來。若要做到這一點，你必須從身體上到思想上都以高於自我的形象和態度示人，你不能帶有半點流浪貓的意識，你必須將自己的自卑心態清理出去。你的一舉一動直接反映著你的思想狀態，那麼，如果你自認為低人一等，你的行為絕不可能證明你優越於他人；如果你的思想裡認為自己能力差，那麼，你就不可能表現出很強的能力來；如果你認為自己缺乏系統和條理，那麼，你在工作和生活中也絕對不可能表現出井井有條的樣子來。換句話說，是你用思想中的缺點和自卑打造了自己的生活模式和結構。

　　我們內在的創造天分是我們生活的最大推動力，是我們成功的促進劑，是我們幸福的決定因素。不論我們向這種創造力傳遞了什麼訊息，好的、壞的、漠然的，這些訊息都將滲透到我們的生活當中，根據我們提供的模式，這些創造性因素既可能將我們打造成為平庸之輩，也可能將我們造就成一代豪傑；這些創造性因素會根據我們提供的素材為我們帶來成功或失敗、效率或無能、幸福或不幸，我們只不過是提供了打造一切的素材，創造力才是產生作用的決定因素。

　　聖保羅[19]格外強調積極樂觀的思維，他認為我們應該想一

19　聖保羅（Saint Paul, 約 3- 67），他是基督教早期最具有影響力的傳教士之一，基督徒的第一代領導者之一，被奉為外邦人的使徒。在諸多參與基督教信仰傳

些對自己有好處的事情，以及能夠歷練我們的個性、提升我們的品格的事情。他說：「我們要去想那些純潔、真諦、口碑良好的事情。」聖保羅的教學中涵蓋了大量現代心理學的內容，這種看問題的方式對我們很有幫助，他要求我們去想那些健康的、有益的、積極向上的事情。他認為科學的事情通常都是有益的，我們只有抱著這種積極的、富有建設性的心態才能獲得合理的成功，才能得到幸福和健康，才能獲得最高的成就，才能將自己的男子氣概或女性美德發揮到極致。反過來說，如果你持有正好相反的心態，看待事情總是那麼消極、那麼悲觀，總是抱有懷疑、沮喪的想法，總是帶著憤憤不平或嫉妒、仇恨的態度對待一切，那麼，你將會趕跑所有你渴望已久的，能帶給你快樂、滿足和成功的東西。

新的生活哲學認為，如果我們想要有所成就，我們就必須扭轉這種消極的思想態度，它告訴我們，我們的思想必須永遠保持建設性，我們必須抵制一切跌入消極狀態或屈服於消沉、懷疑的可能性。我們不能一味地停留在那個令我們感到失望的、成就渺小的自己身上，我們應該向著那個更高的自我看齊，他是我們渴望的、讓我們獲得更大成就的、完全

播活動的使徒與傳教士之中，保羅通常被認為是在整個基督教歷史上最重要的兩個人之一，並且是史上最偉大的宗教領導者之一。新約聖經諸書約有一半是由他所寫。他在整個羅馬帝國的早期基督教社群之中傳播基督的福音。自三十幾歲至五十幾歲，他在小亞細亞建立了好幾個教會，在歐洲建立了至少三個，包括哥林多教會。他一生中至少進行了三次漫長的宣教之旅，足跡遍至小亞細亞、希臘、義大利各地，在外邦人中建立了許多教會，影響深遠。

可能實現的那個自我。

在我們的精神成長過程中，在我們的個性發展過程中，在我們的健康和能力塑造過程中，在我們融入這個世界並獲得快樂的過程中，最大的敵人莫過於習慣性地將自己看作是不如人的、有缺陷的、壞毛病永遠也改不掉的人。我們可能會認為，自己這一輩子志向早已泯滅，只能做一些修修補補的工作，因為我們無法將自己的錯誤、自己的罪惡、自己做錯的某一件事完全一筆勾銷。如果我們就此陷入這種習慣，不停地將自己看作是一個有缺陷的人，一個效率低下的人，將自己看作是一個智力低於平均標準的人，理所當然地認為我們沒有按照周圍的人那樣去做，自身就一定存在某種嚴重問題，那麼，我們就是在與自己理應到達的目的地背道而馳，因為事實上，上帝賦予我們如此強大的力量，而我們卻尚未利用過其中的零星些許。

如果你想要實現自己胸懷之中的遠大志向，如果你想要戰勝自己的缺點，將缺點短處變成優點，你就必須按照自己理想中的樣子去看待自己，就像這本書中所說的那樣，我們要表現得好像自己已經得到了日夜祈禱的、渴望的事情那樣才行。

永遠不要把自己看作是人下之人或者是智力低於平均水準之人，這樣，你就會表現得不盡人意。不論別人怎麼評價你，不論你的父母或老師如何從小就在你耳邊給你灌輸這種

東西，你絕對不能將它們放在心上，絕不能把自己看作是有缺點的、差勁的人。你要一直堅持自己對自己的看法，不要按照現在的你，而是要按照理想中的你去看待自己，你要相信，當造物主將你送到這個地方之時，就早已告訴你要成為一個什麼樣的人。

永遠不要讓自己去想，你的判斷能力很差，即便是有人問到你，也不可以朝這方面去想。對於自己所熟知的事物，一定要有一個明確的看法，當你被問起之時，要乾脆俐落地做出表達。這將會提高自己的判斷能力、分析能力，它將會令你的判斷能力更上一個臺階，也會讓你更加自信。

無論你多麼拮据，也不論你是否依靠他人，千萬不要隨便自我糟踐。如果你連自己都看不起，那麼別人一定會將自己的腳踩踏在你身上。贏得尊重的方法首先是要自己尊重自己，有自己獨立的立場。沒有人會尊重一個缺乏性格的弱者，一個隨風倒的牆頭草，也沒有人會尊重一個寧願附和他人也不敢有自己的主張，總怕得罪別人的人。

無論是在社交場合中還是在其他任何地方，永遠不要認為自己是一個笨拙的、彆扭的、虛弱的、膽小的、沒有魅力的人，也不要表現得太過靦腆。不要總是想著自己的真實缺點或任何想像當中的不完美、缺陷、或失敗，更不能整天生活在這種思想的陰影當中。

一定要記住，不論你如何看待自己，如何認為自己，它都會透過你的行為舉止、你的外表形象和談吐表露出來，我們總能將內在的東西透過外在的形式表現出來。我們的一舉一動如同一個告示牌，向每個人傳遞著自己內部的訊息。

一切在你潛意識當中留有深刻、鮮明印象的事物，終將在你的生活中不辨自明。如果你想要自信，那你就必須昂首挺胸，用自信的思想武裝自己，你必須在自己的同伴面前表現得從容淡定，你必須散發出勇氣、決心和意志力。你的談吐、你的外表、你的禮儀，你一切的一切必須證明你意識的力量。

如果你希望有強壯的身體，你的思想、話題、行為就必須以健康的形式表現出來。不要去想像什麼疾病之類的東西，不要去談論你的症狀，認為自己健康而強壯，充滿活力。

你想獲得成功嗎？那就要以一個成功者的姿態走在同伴面前。你的思想、話題、行為就必須以成功的形式表現出來。要對生活報以勝利的態度，要讓每個人都知道你的志向，在生活中處處表現出你將會獲得成功的樣子，這樣，你的夢想就會成真，你的想像將會同現實達成一致。

你希望得到愛嗎？那麼，你就必須抱有愛的思想。你的行為，你的言語，你的舉止禮貌必須表達出愛的思想，這便是你吸引愛的方式。

你渴望快樂嗎？那麼，你就時刻想著快樂吧，相信快樂一定會來到你身邊。同時讓別人也快樂，談論快樂，看到快樂，生活得快樂，讓快樂成為一種習慣，帶著快樂的心情去看待生活，認為自己是快樂的。

　　你希望自己是幸運的嗎？那就把自己想成是幸運的人，就連走起來都覺得好運已降臨到了自己的頭上，生活中要表現得就像好運時常伴隨你一般。

　　沃爾特‧惠特曼[20]曾說：「我本身就是個幸運兒。」我們何不也像他這樣認為呢？我們原本是萬物創造者之子，為何不能是幸運的，為何不能擁有好運呢？我們為何不抬頭挺胸，為何不獨立自主呢？我們擁有如此巨大的一筆遺產，為何不朝好的方面去想我們自己呢？

　　凡塵間的帝王之子總是抬起他驕傲的頭，想著自己是不平凡的人物，為他自己的血統而感到驕傲。但是，想想看平凡的人類和他們比較起來繼承了些什麼吧。他們繼承的是整個宇宙間最好的東西！人類不僅繼承了地球，還繼承了天堂和日月星辰。人類繼承了愛、真理、美麗、崇高、力量，以及一切有價值的，一切對自己好的東西，能得到這麼大的一

20　沃爾特‧惠特曼（Walt Whitman, 1819-1892），美國詩人、散文家、新聞工作者及人文主義者。他身處於超驗主義與現實主義間的變革時期，著作兼併了二者的文風。惠特曼是美國文壇中最偉大的詩人之一，有自由詩之父的美譽。他的文作在當時實具爭議性，尤其是他的著名詩集《草葉集》，曾因其對性的大膽描述而被歸為淫穢。

筆遺產，我們都是幸運的。

我們難道不應該感到驕傲嗎？那些物質上遺產的東西能和我們的遺產相媲美嗎？那麼，我們為何不認為自己是幸運的呢？我們每個人為何不能堅信，「我本身就是個幸運兒」呢？

然而不幸的是，我們中的大多數所深信的正好是相反的一面。精神上，我們是貧民，我們面臨著赤貧，我們總是在抱怨沒有這個，沒有那個。實際上，大多數人從小都是在這樣一種思想的影響之下長大的，他們覺得不應該有成為富豪的打算，也不應該有享受奢華的打算，生活中那些好的、美的事物與他們沒太大關係。他們從小就認為自己低人一等，尤其是社會地位上不如他人，這種思想牢牢地扎根在他們的腦子裡。他們中許多人生活在城市或鎮上的貧民區裡，有時他們偶然去了城市當中繁榮、摩登的地方，就會感覺自己沒有有錢人或住在那裡的人所擁有的權力。

於是，這些人的心態又會透過舉止和言談表露出來，從而也就不斷地肯定了他們的貧窮。每當去了一個有錢人家，他們就會表現得躡手躡腳、異常小心、拘束謹慎，這足以表明他們認為自己低人一等，或將自己看作是次等人。如果他們有機會同社會地位高於自己的人通信的話，他們在信中也會表現出差別和唯唯諾諾的語氣。這種卑微的態度會逐漸在他們的思想中形成一個模式，讓他們就得自己的確很差勁，

同時也在不斷提醒別人，在他們的眼裡，自己是多麼高貴。

　　這種人好像並沒有意識到，他們這種自我貶低的神態，他們卑躬屈膝的態度大錯特錯了，這種態度有辱於自己做人的氣概和尊嚴。他們完全應該挺胸抬頭，擺出一副平等的姿態來面對讓自己畏縮的人，因為他們都是平等的，都是上帝的子女。

　　記住，只要你在思想裡認為自己是一個渺小的、低賤的、讓人看不起的形象，視自己為一事無成的傢伙、在社區中無足輕重的小人物，那麼，你必然會變成自己所預想的那副樣子。一個人的心態就像一塊磁鐵，它能將我們向上吸引，也能向下吸引。大對數人對生活、對職業、對工作都抱有一種錯誤的態度，這樣一來，他們不但沒有將自己渴望的東西吸引而來，反而將它們趕跑了。

　　「我一直都很努力，但卻不得不帶著遺憾結束這一切。」新英格蘭大學的一位教授在他職業生涯馬上要畫上句號的時候說了這番話。

　　那麼，我斗膽說一句，這個人之所以結局並不完美，是因為在他的思想中早已存在一種不完美的意識，這種思想形態一直伴隨著他的一生。我了解像他那樣的人。在他的一生中，他或許都是一個喜歡討價還價的人，也就是說總覺得自己是個窮人，抱有一種「負擔不起」的思想態度。那麼毫無

疑問，他就會有那種吝嗇小氣、眼光狹小的節約意識，總是要節約每一分錢、每一塊錢以備不時之需，他不停地想著、提前為壞事情做打算，那麼，它無形中就會讓自己的每一天都成為不好的一天。

我認識一個非常有能力、志向十分高遠、充滿熱情的人，他終身都在努力工作，然而到了六十歲卻仍然看起來不像是個發達之人，他不僅在穿著上不像，事實上他的確不很發達。很簡單的一個原因就是他異常節儉的終身習慣，他總是拒絕一切現在應該擁有的東西，因為他覺得這些東西將來可能會用得著。

年輕時，他曾經艱苦地為貧窮奮鬥，在謀生的同時還設法要接受教育，所以在大學的時候，他就過著最節約的生活，因此早在那個時候，他就已經形成了一種限制自己、節約每一分錢、「負擔不起」的習慣，這種習慣是永遠也無法擺脫的。到後來，他雖然已經登上了很高的職位，但是他仍然戴著廉價的帽子，穿著寒酸的外套和款式落伍的西裝。他也喜歡漂亮的西裝，但他卻總喜歡討價還價，所以他只好買那些不流行的淘汰的東西，就是因為價格降低了。他總是在討便宜貨，也從來不會去買服裝或外衣，除非是在減價櫃檯。

他在飲食習慣方面也是如此。他總是寧願去吃十美分到十五美分的午餐，也不要去自己的俱樂部去吃一頓可口的午

餐，順便在那裡結識一些有影響力的、有權力的，能夠在各方面對他有所幫助的人。出差時候，他也同樣帶著他的小氣習慣，住便宜的、設施較差的、環境不十分舒適的旅館，吃旅館裡提供的廉價食物。他總是四處精打細算，他認為這樣做值得，但事實上他卻讓自己的整個生活打了折扣，他這種摳門的做事方式讓他一直處於貧窮狀態。我相信，如果他將自己放在更高的社交圈內，發揮自己更大的影響力，如果他對自己更慷慨一些，無論是在穿著上還是生活中，那麼，他今天定會是一個富有的人。他正是一個「負擔不起」的習慣以及流浪貓意識的受害者。

時刻想著你想要的東西是得到它們的好方法，你不可以總朝著不好的方向去想，也不能在思想中持有懷疑、恐懼的態度。大多數人對我們最渴望的東西總是緊閉心門，這樣一來，我們就關閉了外界資源來到我們身邊的路徑，將我們努力為之奮鬥的東西拒之了門外。當然我們並沒有意識到自己正在這樣做，但有一點是可以肯定的，那就是我們錯誤的心態，我們的質疑和恐懼，我們的焦慮和擔憂就像是一個路障，讓我們渴望已久的東西無法向我們靠近，也鎖上了我們通往外界的大門。

我從來沒有聽說過哪個喜歡討價還價的人、總是尋找便宜貨的人、買東西總希望比正常價格低的人、總是覺得自己

「負擔不起」的窮怕了的人做事能夠真正使出自己百分之百的能力來。

　　有些人抱有「負擔不起」意識、討價還價意識、總是想尋找便宜貨意識，為了節省心滿意足地忍受各方面的不盡人意——包括衣服、居所、食物、環境、外表形象。這種人永遠都走不遠。在以上所列舉的各種意識的影響之下，我們永遠也不可能做成任何一件大事，永遠也不可能實現自己最大的潛力。

　　所以我的朋友們，一定要當心你自己的意識，因為你的命運就決定於自己的意識當中。你會發現，在你的職業生涯過程中，你所獲成就的大與小、成功與否、幸福或不幸福、健康或不健康、發達或落魄，所有這一切均取決於你的習慣性意識。

　　我們的思想可以將我們高高舉起，我們的視野也隨之而開闊。如果你想要擴大自己的生活面，你首先要擴大自己的思維面，包括對自己和和對生活的思維。不論走到哪裡，一直要保持自己理想中的狀態，一直想著你渴望得到的東西——健康、能力、成功。

　　將自己看作成效率高的、才思敏捷的、成功的、快樂的人，讓這些意念在你的潛意識中時刻保持活力和生機，你就能在自己的生活中實現這一切。相反，如果你總是對自己抱

有一種愚蠢的流浪貓意識，如果你走到哪裡都是一副卑微的、怯懦的小人物形象，如果你認為自己是一個普普通通的、平凡的人，沒什麼力量和權力，你就會成為那樣的人。一個人成就的大小與性質很大程度上取決於他將自己看得多麼大，看作什麼樣的人，以及能否看到一個最優秀的自己。

第七章
如何堅持做你自己？

不論在何地，能夠挽救這個世界的，只有那些偉大、堅強、無私的靈魂。

—— 阿爾伯特・哈伯德[21]

人的品格分量最重。它會迫使人們透過一張不漂亮的臉、透過貧窮、透過人們的偏見、透過周圍的環境去看待這個人，它讓我們重新看待一切。品德一旦開口講話，所有的金錢、一切的一切都只能啞然。

—— 奧里森・斯威特・馬登

一個卑微的人，只有讓這個世界因自己的美德而變得更加美好；只有讓自己身上的美德幫助到或安慰到他人，才能成為一個真正強大、文雅、純潔、端正之人。

—— 菲力浦斯・布魯克斯[22]

愛默生曾說：「生活中崇高的事業絕不會欺騙任何人，除非一個人是在自欺欺人。」

如果一個人失去了自己的立場，在賺錢過程中失去了尊嚴、高尚、正直，那麼，就算他有一百萬，也始終是個失敗者。他雖擁有一份榮耀的事業，卻在不斷欺騙著自己。

---

21 阿爾伯特・哈伯德（Elbert Hubbard, 1856-1915），美國作家、出版家、藝術家和哲學家。《菲士利人》、《兄弟》雜誌的總編輯，羅伊柯洛斯特出版社創始人。代表作：《致加西亞的信》、《偉人小傳》系列書等。

22 菲力浦斯・布魯克斯（Phillips Brooks, 1835-1893），美國作家、美國聖公會牧師。曾任波士頓三一堂院長、麻塞諸塞州聖公會主教。

在你真正開始踏入社會之時，你就應該做出一個很好的決定，不論發生什麼事情，你都要堅持自己的原則和立場，你絕不能濫用上帝賦予你的力量去做一些卑鄙、可恥的事情，從而喪失了自己的尊嚴，玷汙了自己的榮耀。如果你下定決心，讓自己在這個世界上至少對一個人，也就是你自己，持有一個正確的觀點，那麼，無論是在任何情況之下，只要是正大光明的事情，就不可能有誰欺騙得了你。當你有了這個決心之時，也就是你和上帝有了盟約之時，因為你真正的自我、你的本性已經與上帝融為一體。所以，你堅持自己的立場之時，也正是你堅持上帝的立場之時，你與聖潔的事物融洽而和諧，因此絕不可能是一個失敗者。

據說，在古老的猶太寺廟中有一個神聖的地方，它通往死後的無知境界。但是這個神聖的地方只有道行極深的牧師方可進入，而且一年也只有一次進入的機會。每一個人心中也有一個神聖的場所，那是一切聖潔與美德的家，我們絕不允許任何邪惡的東西進入這裡搞破壞。我們應該誓死捍衛這個比生命還重要的地方，因為這裡珍藏著純潔、平和、榮耀、誠實、愛和正義，這裡珍藏著生命中一切美好的東西。有了這個最聖潔的聖所，我們無所不能，然而它一旦受到了玷汙，我們便什麼都不是了。

在你盡了自己的一切努力之後，你可以承受各種各樣不

請自來的失望，但是，一個人對自己的失望卻是致命的。如果你一直都是誠實和純潔的，如果你一直都很自信，你必定能夠從失敗和失望中走出來，你可以藐視他人帶給你的一切醜聞、謾罵、中傷，但是你又如何忍受得了自己對自己的辱罵，自己對自己的傷害，自己來玷汙自己的榮耀？

如果你背叛了你自己，那麼，你就毀掉了自己心靈中最神聖的那個地方，你褻瀆了、破壞了自己最為聖潔的東西，無人能夠幫助你讓它恢復到以前的樣子。如果你失去了最好的朋友，你的自尊、你的生活模式將會受到消極的影響，因為美好生活的基石已經不復存在了。

有許多人遭受著世人的謾罵、誤解和呵責，然而他們卻依然平靜地、鎮定地走自己的路，毫不退縮氣餒，因為他們從未曾喪失過自己的榮耀與自尊。他們從未失去過良知的支持，只要他們擁有這份良知，一切都不成問題，但是良知一旦泯滅，他便失去了一切。

只要你自己內在的良知絲毫未受到損害，那麼，不論你的外部環境和情況如何，你從頭到腳就都是乾淨的，你的每一筆交易都將是誠實公正的；那麼，你所做的正確的事、規矩的事將會支持你、支撐你抵禦世上的一切侮辱，這是可以肯定的。但是，如果失去了這些防禦，你將很快倒下，你也不會擁有真正的平靜或幸福，更不會獲得真正的成功。不論當時這個世界

是多麼的認可你，誇讚你，但是，如果這一切並不是你理所當然應該得到的，那麼，你永遠也無法相信你自己。

許多十分受大眾歡迎的人，有地位，讓人羨慕，受人尊重，但是，卻始終無法尊重自己，只因為他自己心裡明白，他並沒有按照理應有的方式去生活，也就是大部分人認為他應該擁有的生活方式。他似乎擁有一切可以令他成功和快樂的東西，但他的內心卻要永遠承受矛盾和掙扎。就算這個世界都在為他喝彩，在他內心深處，總有一個微小的聲音在對他說：「你是知道的，你是個可恥的人，你十分清楚，你時刻戴著面具，你根本就不是人們心目中的那個人，你知道，從你的內心深處來說，你並不純潔，也不真實。你在欺騙人們，人們總覺得你是真誠的、正直的、榮耀的、有氣概的，但你卻在利用其他人對你的信任。」

凡是企圖透過低級消遣、飲酒、聲色犬馬以及各種放蕩行為來尋求真正的快樂、幸福的人，最終無一例外通通都會感到大失所望。比如說，一個男子在夜間出去放縱，他在當時可能會覺得自己達到了合意的結果，他覺得自己滿足、釋放了自己的欲望，解放了自己的獸性，因此享受到了無比美好的時光。但是，他為這種滿足會付出什麼樣的代價呢？他該如何面對這一晚的縱容、一夜的風流呢？第二天，他會鄙視自己。他在光天化日之下實在是無法理解自己昨天晚上為

何允許自己退化到牲畜的地步，他如何能夠忍受自己動物的傾向用罪惡和汙穢拖走自己的人性、自己更高級的本能、自己更好的天性。他寧願失去一隻胳膊也不願讓自己的妻子、孩子、母親、姐妹知道自己的墮落行為，但是他也付出了代價，於是繼續放縱。每重複一次就會讓自己的身體感官更麻木一些，讓自己的思想也更加鈍化一些，讓他漸漸失去追求有價值事物的志向。放縱會讓自己熟悉低級、墮落的社會環境和體驗，會挫傷一個人的自尊心，讓他第二天無顏以對世人。放縱過後，他將自己看得連平常的一半都不如，雖然他並沒有失去其他的優點。

　　現在再來說說這個人的生意。毫無疑問他會使用科學的方法經商。他深知，生意上若也是採用私生活方面浪費的、效率低下的、不科學的方法去達到最終的目的無疑是在自掘墳墓，但是，他卻毫不遲疑地不惜最高的代價來放縱自己，毀掉自己的男子氣概；但是，就為了所謂的愉快和獸慾的誘惑，他不惜和魔鬼，和代表邪惡的東西做交易。他用自己的靈魂換來了破壞自尊、讓自己鄙視自己的後果。一個人如果以這種方式做生意，必然會為這種愚蠢和瘋狂而感到愧疚，同時也會被人們看作是古怪癲狂的人，用不了多久，他就沒有生意可作了。但是，如果一個人故意去削弱自己生命的本源，拿自己的男子氣概去交換一場欺騙，那麼，他和一個癲

狂之人又有何差別呢？

　　菲力浦斯·布魯克斯曾說：「在關注身體的同時，我們還要關注自己的靈魂。這並不是兩個責任，而是一個責任的兩個部分。」堅持自己的原則就意味著一個人將身體的聖潔視為與靈魂的聖潔同等重要。我們應當認為身體是神聖的，因為它是上帝的形象，是我們聖潔力量的家園。因此我們不單單是要確保用適當的食物、鍛鍊、娛樂休息來支援它，我們還必須小心謹慎地保證它的純潔和乾淨。要想徹底尊重你自己，就做一些讓自己尊重自己的事情，因為你是上帝的一部分，因此你必須也尊重你自己的身體。如果你無法正確地使用自己的身體，並將它視為神聖靈魂的居所、你聖潔的自我所在的地方，你就不可能做到尊重自己的身體。

　　節欲、誠實、操守是做人的基本原則。任何時候，只要我們違反了這幾條原則，就必然會付出沉重的代價。沒有人能夠逃得掉懲罰，因為上帝不會向任何人妥協。也沒有人能夠避開心中那個小小的聲音，那是上帝的聲音，它會對你正確的行為說「對！」，對錯誤的行為說「錯！」。你或許能夠從無節制的獸慾或放縱中、從情欲的刺激中、從神經系統的興奮中得到短暫的、片刻的愉悅，但是別忘了，你每年都有三百六十五次安靜面對自己的時候。晚上剛躺在床上或清晨醒來的時候，你心中的那個聲音會叱責你，要來找你算帳，

因為你損害了自己的尊嚴，褻瀆了你的氣概。

在所有迎合人類獸性的方式中，存在的一個最大的事實便是，他們無法從回顧自己的放縱行為中獲得絲毫快樂，唯一得到的便是失望。在享樂之酒杯的杯底，沉澱了一層奇苦無比的糟粕。不論是什麼年齡的男人，他們都曾經企圖讓自己的良知平靜下來，企圖去收買它、麻醉它、擺脫它，有時，震耳欲聾的音響、讓人興奮的事物、飲酒、低俗的歌曲和淫穢的故事或許能暫時壓制良知的喧鬧，但是，當這一切散去之時，他們會感到如此的道德淪喪、如此的墮落、如此的羞辱和懊惱悔恨，通常需要花上幾週的時間去擺脫內心良知的責問。

不論你在生活中是何職位，你都應該一直堅持自己的立場，為了你最大的利益著想，你最好是確保自己能有良好的同伴——潔身自好的、心地純潔的、正直的、誠實的、積極向上的、慷慨助人的、胸襟寬廣的同伴。

一個年輕人若是從一開始就下決心讓自己保持清白的紀錄，讓自己的良心明明白白，那麼，他理所當然就會戰勝一切困難，在他的前面，還有許多工作等著他去做。跟著習慣走要比聽從理性判斷容易得多；心血來潮或屈服於當時一時衝動的欲望要比抵制誘惑、堅守理想容易得多。得到美好事物的認可並非易事，對誘惑說「不」也很難；走下坡路或順

著河流往下漂要比爬山和逆流而上容易得多。但是，如果一個人能夠在個性塑造方面、在男子氣概的培養方面、在獲得征服一切困難的力量方面，在養成不走捷徑的習慣方面有所收穫，他因此而得到的滿足感要比短暫的滿足感持久得多。這種感覺就好比是一個實物和它的影子相比。

我們或許可以這樣看待這件事。如果我們十分清楚，自己在各個方面，道德、精神、身體，都是一個真正的男子漢，是一個在任何時候都守規矩、只做正確事情的人，是一個本著公平、正義的原則和人打交道的人，是一個將大多數時間和天賦都用在尋找機會、成就自我之上的人，那麼，生活中再沒有比它更令人滿足的事情了。

為什麼每當你意識到自己一天的工作沒做好、你對分內的事馬馬虎虎、你的工作幹得草率不認真，沒有用心去做，你就會感到自己是可鄙的，就會看輕自己？為什麼每當想起這件事你就會譴責自己，每當想到一切與之有關的事也會感到自責？那是因為你做了違反你本性和上帝法則的事情。這種退化降級的感覺，和這種失去自尊的感覺與你意識到自己犯了道德上的錯誤時的感覺是類似的。你半途而廢的、交差了事的、懶散的、馬虎的工作傷及了你的自尊，讓你看輕自己，只因為這一切違反了你內心的原則，完整完美的原則。

在沒能夠發揮自己全部力量的情況下，每個人多少都會

有點看不起自己。它還會讓自己喪失刺激感，也就是額外的力量、感受到勝利的感覺，這種感覺可以將人提高到更高的階層。在我們出色地完成了一天的工作之後，我們都會有一種很美妙很興奮的滿足感，人的本性中有一種催促人們做得最好的東西，我們的內心深處同樣也有一種微弱的聲音，它會在我們做得最好的時候贊同我們，為我們歡呼，而在我們做得不夠好的時候責備我們。如果一個人沒有全力以赴，那麼他的行為就永遠也無法滿足我們更高一層的天性。我們對自己的滿足感，或者我們整體的快樂必然是來自白天的工作，而絕不是來自晚上的放縱或所謂的夜間娛樂活動。如果你在白天的工作中無法獲得快樂，如果你無法從工作中找到真正的滿足感，那麼，你恐怕在其他任何地方都找不到快樂了。

如果你不贊同自己的行為、生活方式和你所從事的工作，你就無法尊重你自己。如果你在生活中保持著絕對的潔淨，在工作中絕對誠實；如果你勤奮敬業，盡自己最大努力為這個世界做些什麼；如果在人生大舞臺上，你老老實實扮演自己的角色，那麼，什麼都無法阻擋你感到快樂，因為你完全尊重你自己，完全贊同自己的所作所為，因為這一切會產生一個必然的結果 —— 快樂。

雖然每個正常人在做了正確的事情後，都會有一種幸福

和滿足感，做了錯事後，都會有一種非常不舒服的感覺，然而，卻沒有什麼人能夠看到這其中的哲理。人們並沒有意識到，在快樂、健康和自我尊重之間存在著密切的連繫。一切令我們感到不愉快的事情都會減少我們的活力，對我們的健康產生非常不利的影響，如果我們的健康出了問題，我們就會失去一切信心，這樣一來我們的生活就會直線下降，自我尊重很快就會消失殆盡。

做正確的事情對健康能產生相當大的促進作用，因為它總是與我們的真我相和諧。因此，它能給我們帶來舒適感，讓我們的整個身體系統都有所改進。但是，當我們意識到自己做錯了的時候，我們就會產生正好相反的感覺，讓我們整個精神和身體系統產生混亂、失去平衡。我們意識到自己的行為正在與自己的本性背道而馳，也就是說違背了我們本性中真善美的部分。我們之所以會感到不適，是因為我們感到有一些異類物質侵入了我們，我們的整個系統都對些外來物質產生了排斥反應。

不論是何種錯誤行為，不管是欺騙、不誠實、利用他人，或是放縱於低級邪惡行為之中，不論它是以哪一種形式出現，這些行為除了會傷害到自己的個性外，還會傷及自身的健康，因為它多多少少都會與精神、身體上的功能產生互動的影響。

真理、誠實和純潔是人類力量最為強大的同盟軍，任何故意脫離這一切的人都是在故意扔掉自己最寶貴的財富。就好比一個沒有資金卻打算開始創業的年輕人，竟然故意毀掉自己在銀行或其他機構的信譽，試圖在商業界單打獨鬥。我們都知道，這是一件多麼傻的自我毀滅行為，然而那些丟棄真理、正直原則的人們更傻，因為他們丟掉的，是能夠讓自己獲得成功的真正財富。

　　大自然早已為一切做好了安排，不論我們做什麼，只要與我們的天性中的法則相和諧，就會產生舒適、愉快的結果，就會增加我們幸福的感覺，就會促進我們的健康、快樂和財富。因此，不論從哪一點來看，做正確的事情都是值得的。與我們心靈最深處的基本法則保持和諧不僅能夠讓我們更快樂，還能讓我們更健康、更發達，因為我們的能力也因此而大幅度增加了。不論在哪裡，和諧意味著力量和權力，紛爭意味著虛弱。

　　要想讓生活結出最美好的果實來，只有一種辦法，那就是緊緊跟隨和諧的腳步，按照我們本性中的真我來做每一件事。我們與自己的本性相分割的那一刻，也就是我們陷入各種麻煩的那一刻，也是我們整個天性變得雜亂無章的那一刻。

　　有許多人無視良知，認為這太嚴格、太難達到了，它將一個人固定在一條刻板的道路之上，只能循規蹈矩，它讓人

沒有了活動的餘地，讓他們無法享受好時光，他們要的是自由。他們認為，有很好的良知固然不錯，但是良知對於一個商人來說代價太大了；他們認為，更多時候，良知應該是家庭的產物，這種東西尤其適合留著給女性用。

但是，上帝的教誨聲就存在於我們每個人心中，不論性別。它是我們最好的朋友，我們不可能擁有比它更好的朋友了。這個朋友永遠也不會被收買，它絕對正義，絕對真實，絕對毫無偏袒，這個朋友永遠為你的最高利益著想，永遠也不會對我們說一些不利於我們向最高層次發展的話語。

你可以麻醉自己的良知，但你卻無法殺死它！它是你內心深處一個小小的告誡物，在你做了好事時它會感到欣慰，在你做了壞事時，它會責備你。你狂歡、放縱時的喧鬧只能在短時間內淹沒這個小小的聲音，只要你從興奮和錯誤中清醒過來，你就會感到無比的懊惱和自責。

對於任何一個人而言，最糟糕的局面莫過於做了錯事卻感到十分舒坦。這種情況下，他的良知出於沉睡和麻木狀態，他心中的那個小小的告誡物失聲了。直到某一天，嚴重的問題或災難性的事件喚醒了他似是而非的良知，然而，此刻他已是四面楚歌的境地了。

J. W. 默里博士說過，當一個人的腳處在麻木狀態下時，他感覺到很舒適，一但它開始甦醒，恢復了知覺，隨後而來

的疼痛，這種討厭的感覺就會將他一下子彈起來，在地上亂跳。一個人良知的覺醒也是同樣的道理，只要它不再沉睡，就會讓我們痛苦。然而不幸的是，正如默里博士所說的那樣，病床通常是讓一個人的腳開始恢復知覺的地方，也是讓一個人的良知重新恢復生命的地方。到那時，他就會說：「我要是沒做這些事情就好了！我要是做了些別的事情該多好！要是能讓生命從頭來過次，那該多好啊！」

如果我們強行掩蓋良知，如果我們將良知淹沒在酒杯裡，或用毒品來麻木它，那麼，傷痕累累的自尊總會前來找我們算帳，並對我們糾纏不休。任何東西都無法湮滅良知。我們無法逃避這位伴隨終身的內心信使對我們的譴責，它總在不斷地告誡著我們，為我們指明正確與錯誤的道路，告訴我們每走錯一步將會產生什麼樣的後果。不論我們如何努力想要讓它沉默，或逃避它，良知終將會在你意想不到的地方遭遇到我們，它是我們的控訴者。

如果你不去身體力行，你將無法成功地捍衛自己的主張，你內心那個始終在那裡的小小的聲音會一直縈繞在你腦海中，抗議你的行為。所以，你必須無條件地贊同這個小小的告誡物，否則，你將無法昂首挺胸面對整個世界，你將無法尊重你自己。所以，「相信你內在的這種推動力吧，沒有人能夠高過它。人類可以違背它，可以憎恨它，可以褻瀆它，

但是有過罪惡的人卻始終無法凌駕於良知之上，他只能感覺到良知高高在上俯視著他，預示著他的毀滅。」

每一個卑鄙、可鄙、不誠實的行為都會帶走你的自信，因為你會譴責自己的行為。上帝在創造你的時候就已經決定了這一切，你必須沿著公正、真理、純潔、正派的道路前行。要想為了自己而做最好的事情，你必須要認可自己。你無法與自己的行為、思想、割裂開來，就如同你無法改變自己的膚色和眼球的顏色。

無論何時、無論何地，都不要做違背自己良知的事情。無論任何時候，如果有人引誘你去做有悖於這一切的事情，破壞你自尊的事情，你都要言辭拒絕。他們會因你堅持自己的立場而尊重你，你也會為此變得更加強壯。

一個能保持正直的人是一個強大的人，是一個與自己的本性相和諧的人。但是，如果他拋棄了這一原則，如果他不在追隨自己真正的本性，他就會變成一個十足的軟弱之輩。

世界上還有比對抗強大的正義和真理更徒勞、更愚蠢的事情嗎？還有比為不誠實、謊言、欺騙而戰更容易失敗的事情嗎？答案是肯定的，在這場衝突中，絕不可能會出現第二種結局，最後勝利的總是正確的事情。正確的事情永遠是成功的，無論其結果是否會立刻很明確地顯現出來。正確的東西永遠都不會失敗，錯誤的東西無論如何都不可能成功，因

為整個宇宙都在反對它。

許多不擇手段，透過欺騙的方法聚斂財富的人都是失望的、不快樂的，具體原因他們也不十分清楚。他們認為金錢幾乎可以買來一切，能夠滿足他們的任何欲望，但是，對於一些金錢買不到的東西，他們卻仍然感覺到一種隱隱作祟的渴望。為什麼呢？因為他們破壞了道德上的和諧，拋棄了唯一能夠帶給他們永恆的滿足感的東西，這個東西就是人類本性法則 ── 真理、正義、公正。他們對自己不滿意，是因為他們天性中能夠帶來滿足和幸福感的那個部分並沒有得到發展。他們的一生都花在追求錯誤的真理之上，而這一切從未得到過自己良知上的認可。

如果你背叛了自己，那就誰也幫不了你。如果你失去了自我尊重，你就失去了最好的朋友。你的整個生活結構就建立在自我尊重之上，它是你品性、男子氣概與女性操行的基石。如果你盡了自己最大的努力，那麼，再大的失望你都能夠忍受，即使是身陷失敗，面對災難，你仍能夠以冷靜、誠摯的姿態示人。但是，對自己感到失望、失去自我尊重的感覺，是成功和幸福生活真正的致命敵人。

第八章

開創事業的新哲學

做事情不能只靠手，更要靠大腦。只有思考過後做出來的事情才更具價值，因為思想是一切新事物的開端，是創造力的源泉。

—— 奧里森・斯威特・馬登

「想法不斷，永不懈怠。」

這是一則我想要送給每一位成功商人的座右銘，它一語道破了新的哲學和效率的本質。它提出了一種正確的思想，讓人們用正確的心態來對待自己的一切，積極去做自己認為值得的事情，能夠讓你夢想成真的事情。

對於大多數人而言，最大的問題就是缺乏正確的思想態度，因為我們並不知道它具有多麼強大的力量。很少有人意識到，一切發明創造出來的有形事物最初也只是一個念頭 —— 我們的想法、夢、想像總是出現在行動之前。我們往往低估無形的思想，也就是我們所看不到的、觸摸不到的東西所具備的力量。雖然我們都知道一個事實，任何事情中最有力量的部分往往是看不到、摸不到、聽不到的，然而，我們仍然對思想的價值抱有懷疑，並沒有將它視為一種能產生作用的力量。人類是這樣一種看重物質的物種，對於看不見、聽不見也摸不見的東西，我們便很難相信其真實性。

實際上，所有的事情都是在思想的驅動之下才發生的。在這個世界上，若不是先有了思想，恐怕也不會有什麼行

動，是思想推動著事物朝著它應有的結果發展。任何透過感官能夠覺察到的事情，都是在思想的推動下向前發展的。

它是一切運動、一切成就、一切事物最終形態的原動力。如果沒有思想帶路、提建議、做計畫、發號施令，這個世上將不會再有建設性的發展，也就是說，整個世界將會處於靜止狀態。

在過去，人類在很大程度上依賴野蠻殘忍的方式實現自己的目的，人類透過物質的媒介生硬、殘酷地達成自己的最終目的。但是，新的生活哲學已經將一個更好的工具交到人類手裡，這個工具能讓人類更有效地達成自己的目的。人類越來越發現，雖然大量的工作仍然要依靠體力勞動來實現，但是，透過思考所能得到的東西，絕對要比過去十足的殘酷暴力所體驗到的東西更好；人類越來越發現，透過正確使用自己的精神力量，它能讓自己擁有磁鐵般的力量，將自己渴望已久的事情吸引過來，成為現實。

你不停地考慮自己的事業，不停地為它做計畫，不停地打算擴展它，並做出一項項周密的事業促進規劃。也正是因為有了這些，你的事業才有了長足的發展。你的理念、你的計畫、你的熱情、你對成功的展望 —— 所有這一切都是能夠將你夢想中的事情吸引而來的強大精神動力。你思想中的宏偉藍圖，以及為了完成這張藍圖，你的思想對一切物質層面的事物所發號的施令，所帶來的影響是讓你的事業蒸蒸日上

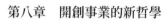

的推動力量。

　　不論一個人是否意識到了這一點，但是，只要他有自己的想法，並不停地為之奔忙，那麼，他就是在身體力行這一新哲學。始終保持樂觀的思想，從開始到最後，帶著信心和智慧的行動將會帶你達到最終的理想。

　　新的哲學能夠幫助人們成為我們所謂的「幸運兒」，因為它告訴人們要保持一種幸運的心態。不論眼前的景象是多麼黯淡，哪怕是烏雲密布、風暴肆虐，那些持有樂觀思想的人們深知，陽光就在烏雲背後閃耀，所以，他們總能夠達到自己的目標。

　　一個事業在戰爭中毀於一旦的新哲學信奉者說，「不，事業雖然處於低谷，但我們絕不能隨著它下滑。我的事業並不能影響到真正的我，或許那些膚淺的工作偶然會出錯，但是，我完全沒有必要也跟著它出錯。我不可以消沉，因為我身體裡有一種神聖的東西，這種聖潔絕不能隨著我的生意一起跌入低谷。此外，這也只是暫時性的衰退，我的事業將會再次興隆，而且要比以前更上一層樓。」

　　這便是一個有良好教養的人應有的態度，神聖的原則在指引著他的生活。他絕不允許自己拋棄自己的原則，也不允許因為事業上暫時的挫折或低谷而失去自己一貫的姿態。不論他失去的是什麼，但有一件東西是他永遠也不會失去

的 —— 他的勇氣和他對自己的堅持，因為他知道上帝永遠站在他的身邊，因此他絕不會失敗。他一直都堅信一個真理，上帝就像牧羊人，而自己就是祂的一隻羊，將所有的信任都交付給上帝，上帝會為他安排好一切。

信奉新哲學的商人每天早晨總是帶著新鮮、活力、飽滿的精神進入工作，因為他知道，上帝就是他的健康和力量。他不需時常擔憂自己會感冒、會得慢性風溼病、會有嚴重的頭痛。

當他進入辦公室或商店時，並不是感覺一下子就陷入了發愁、煩躁、為眼下的一切而焦慮的狀態。他也不會因為速記員的一點點小失誤、其他雇員粗心的錯誤、某些商品的毀壞或損壞以及其他日常工作中的瑣事而崩潰瘋狂，因為他知道，如果他這樣做，必然會浪費許多力量、浪費許多腦細胞，與其這樣，還不如做些更值得的事情。他知道，自己發不起脾氣，因為發脾氣會讓他的精力流失，會讓他變得無精打采，會消耗他的精神資產，而他完全可以將這一切用在工作中。他知道，浪費自己寶貴的經歷是一種目光短淺的做法，所以，他會盡可能地保存它。

這種新型的商人並不會將自己的事情帶回家，因為他知道，每失眠一個小時，每一次焦慮都是在打擊他的信念。他知道，如果思想中充滿恐懼和擔憂，就根本不可能勝出，如

果自己躺在床上還在想生意上的事情，那麼，第二天他就無法將一個精力充沛、能夠靈活處理每一件事的自己帶入辦公室。他必須完全進入工作狀態，盡可能地讓自己處於最佳狀態，否則，他就會帶著一身的疲憊和勞累面對自己的工作，而這一切的正是因為他頭一天晚上對工作上的事考慮了大半夜，讓恐懼和焦慮思想損害到大腦所導致的，這樣很可能會讓失敗不請自來。所以，只要他一下班，就會將自己的顧慮、擔憂、他所有的問題鎖在辦公室裡，當他將鑰匙插入家門的鎖孔時，他將一切折磨他、讓他不開心、妨礙他的成功、妨礙他體會回家的快樂的事情都關到了門外。

具有新思想的商人比以往的商人更陽光，更振奮。他臉上帶著與以往不同的表情，那是一種充滿希望的表情，期待著美好的事物發生在自己身上的表情。他的臉上找不到害怕與懷疑未來的表情，而在老一代的商人臉上，你常常能看到它們。在他的臉上充滿了自信與肯定，那是一種勝利的表情，是一種勝利的預兆。

換句話說，擁有新思想的商人覺得自己是一個征服者，是自己靈魂的主人，是所有情況的掌控者，因為他是神聖的，擁有一種超凡的創造性力量。他意識到自己是無限的資源當中的一分子，他徜徉在資源豐富的海洋中，如果他保持著積極的想法，所有他需要的，所有對他有益的都將會被吸

引而來。他知道，他的自我也正在尋找他，如果他一直保持正確的心態，將自己的努力付諸於物質方面的實踐，那麼，他真正的自我必然會找到他。

不論你的工作性質是什麼，也不論你從事的是哪一行，你都應該有一個朝著繁榮的方面、快樂的方面、好運的方面去想的習慣，這種習慣將會在你的思想裡確立一個方向，十分有利於讓你在任何情況下，都朝著這個方向努力。這種心態會對你產生極大的激勵作用，讓你更加自信，因為你將看到自己更多的能力，所以你將更加看重你自己，你將看到在自己面前有更多的機會在等著你。

要習慣性地一直將自己看作是一個幸運的人，認為自己的事業注定會成功，並養成習慣，永遠不允許自己去想，我是不幸運的人，或者周圍的環境、周圍的人都不利於自己之類的事情。這種習慣會對一個人的心理產生奇妙的激勵作用。

現在，有許多商人總在思考或者與其他人談起自己想要退出，自己的事業不像以前那樣發達之類的話，因為他們根本就沒意識到，他們悲觀的態度和悲觀的表情往往只能加重自己所面臨的外部情形。

我認識這麼一個悲觀的人，他的事業在近幾年中一直處於低谷至今，他幾乎就要破產放棄了。在我的記憶中，每當我問起他的生意怎麼樣時，他沒有一次不在說：「哦，糟透

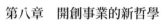

了，糟透了。沒什麼生意，從來沒這麼糟糕。」不論其他人做得多麼好，這個人總是在想一些向下的事，在談論一些向下的事，那麼，他的情況當然也永遠無法高於自己所想的標準。如果一個人總是面對著失敗和毀滅，那麼，他建立一個繁榮企業的奇蹟就不可能發生。

如果一個人不論走到哪裡都無意識地在想、在談論自己會放棄自己的事業、職業，不再像以前那樣興旺，那麼，這便無異於他在談論、考慮自己會失去健康和力量，因為如果我們不停地談論自己的病痛，腦子裡總是想著可怕的疾病症狀，那麼，它必然會加重我們身體上的情形。

支持著我們健康的法則同樣也支持著世界上的各行各業。如果你總是在說，你的事業不景氣，那麼你每重複說一次，你思想中對應的情景就會在你的潛意識中被蝕刻得更深一些，久而久之，這種思想就會變成一種模式，這種模式會深刻影響到你的生活和事業。

西班牙人有一句俗語，綿羊每多叫一聲，就會少吃一口草。所以，生意糟糕時，不要總是談論它。每次人們問起你生意怎麼樣時，你就開始抱怨：「唉，很糟糕，死定了。沒什麼業務，已經捉襟見肘了。」這樣一來，你就是在助長你所肯定了的情形。如果每個人都以這種方式談話，那麼，生意就會走下坡路。有時候，生意就像是人們所想和所說的那

樣，生意的情況很大程度上就是一個心理問題，好或者不好，情形往往是人們的思想和期望的結果。

比如說，有多少次我們國家的經濟危機都是由人們的恐慌所引起的。人們總是擔心貨幣短缺、莊稼歉收，或者其他可能面臨的意外與不測，在這種情況之下，每個人都開始預期糟糕的生意。一個國家裡有千千萬萬的人都在不停地說，「生意糟糕透了」、「沒生意可做」，如果每個人都在想像著「艱難時光」，談論著消極的話題，如果沒有人拓展新業務，沒有人組建新企業，沒有人去努力開闢自己的新業務，如果人們說，「我們只是暫時偃旗息鼓，先避避風頭」，那麼，產生蕭條的局面還有什麼值得奇怪的呢？原因何在呢？因為整個企業界都籠罩著一層蕭條和壓抑的氣氛。成千上萬的商人們都在談論「艱難時光」和「糟糕的生意」；商人們僅夠糊口；生產商生怕積壓，因此許多工廠紛紛關閉；成千上萬的人失業，這下子，「艱難時光」真的到來了。

換句話說，人類能夠人為地製造出他們所害怕的情形，因為他們總是不停地肯定它們、預測它們，為它們做出準備。如果在這個時候雖然人們意識到了「艱難時光」，但是他們談論的卻是其他一些事情；如果這個時候人們談論的話題是向上而不是向下；是在為好的事情而不是在為壞的事情做打算，那麼，整個商業就不會出現蕭條。

我們人為製造出來的事情都是我們思想的結果，這是我們的資產、我們的成功、我們的幸福。令你嫉妒的，你眼睜睜看著人家做出不可思議的事情的人，只不過是利用了朝著好的方面想的益處。他們的想法是積極的，而你的想法則是消極的、具有破壞性的；他們正在樹立自信和信心，而你卻用你自己的懷疑、恐懼、焦慮摧毀信心。

　　但是，光有信心卻不讓它發揮作用是徒勞的，光有想法卻不付諸行動同樣也是毫無意義的。聖經告訴我們，狄波拉對貝拉克 [23] 說：「強大起來。」貝拉克受到了這個預言者的召喚後，開始有所行動，最終征服了他的王國。

　　想要征服自己領地的商人不僅要積極地朝好的方面去想，他還必須積極去實踐。如果他滿足於父親傳下來的這份生意，或者還在使用十年、十五年甚至二十年前能獲得成功

23　狄波拉（Deborah，希臘語意為蜜蜂），是古代希伯來人的第四任士師，也是唯一的一位女士師。狄波拉率領希伯來人成功地反擊迦南王耶賓及其軍長西西拉的軍隊。她的故事記載在士師記的第 4 章和第 5 章。
　　狄波拉是拉比多的妻子。她常坐在以法蓮山山地的拉瑪和伯特利之間的棕樹下施行判斷。（士師記 4:5）迦南王耶賓欺壓以色列人二十年之久，狄波拉召來貝拉克（Barak）迎戰耶賓的軍長西西拉。貝拉克要求狄波拉與他一同前去。士師記 4:9 狄波拉說，「我必與你同去，只是你在所行的路上得不著榮耀，因為耶和華要將西西拉交付在一個婦人手裡。」於是狄波拉起來，與貝拉克一同往基低斯去。貝拉克召集了一萬名西布倫人和拿弗他利人，來對付西西拉的九百輛鐵車（士師記 4:10）。當西西拉的戰車來到基順河時，狄波拉對貝拉克說：「你起來，今日就是耶和華將西西拉交在你手裡的日子。耶和華豈不在你前頭行麼？」於是貝拉克率領他的一萬人下了他泊山。正如狄波拉所預言的，以色列人大獲全勝。西西拉在逃跑時被雅億殺死。這次戰役之後，這地獲得 40 年的和平。士師記第 5 章記載了狄波拉和貝拉克在凱旋之日所唱的詩歌，可能作於西元前 12 世紀，也許是希伯來詩歌最早的範例。

的方法在做生意，那麼，他很快就會落在其他同類企業之後。我們的身體在不停地新陳代謝，這樣才能更強壯，更健康，商人也是一樣，只有不斷地給企業注入新的理念，不斷提高方法，才能夠讓自己的生意不斷向新的標準發展。

即使是最純淨的水，只要它是死水一潭，也會成為一潭臭水；即使是經營再好的企業，如果業主沒有時刻保持警覺，沒有永不止步地尋求更好的經營方法和最先進的技術，最終也會走向衰退。

一直保持進步、發展的企業家必須與競爭對手保持連繫。他要不斷地參觀模範商店，參加貿易展覽會，參加各種展示和開幕儀式，這一切都能夠為他提供機會，研究出他自己更好的方法，以便用一些新的理念為自己的企業輸入新鮮血液。他必須一直持有這種想法，然後不停地實踐，因為一直生活在過去對於一個不斷進步的商人而言，是一件耽擱不起的事情，他必須直接面對今天的形勢，並走出企業外。

對舊事物的依附傾向，包括舊的想法、舊的關係和舊的環境；害怕任何形式的改變，即使是變得更好，都是制約人類進步的重大因素。

如果我們想要不斷發展進步，我們就必須不斷與阻礙我們前進、容易讓我們扎根於舊環境，依附於枯竭資源的事物進行戰鬥。勇攀高峰、鬥志旺盛、為了理想的目標奮鬥終身

是一個人不斷進步的唯一方法。在生活的道路上止步不前就意味著衰亡。

安德魯·卡內基[24]的主管有一天發電報給他，「今天我們所有的項目都打破了最好的紀錄」，而這位鋼鐵大王立刻回電說，「何不讓每一天都如此呢？」

每一個想要不斷進步、想要不斷提高能力、想要擴展自己才能的人，都必須要盡自己最大的努力超越他過去的紀錄。他必須時刻準備著利用一切合理的機會提高個人能力、發展自己的企業或職業技能。

沒有哪個年輕人能夠承擔得起企業發展到某個程度就心滿意足，不再動彈了的後果，他必須要想辦法突破以往的業績。一個人感到滿足的那一刻便是他停止進步的那一刻，也就是標誌著自己的事業開始走向衰敗的那一刻。

不論一個人所從事的是哪個產業，只有一種方法能夠確保他不斷進步，那就是不斷努力超越自己的極限。無法持之以恆的努力，不論它多麼強勁有力，都無法做到這一點。日積月累的進步決定著最後的整體提高。

如果你昨天的工作做得很好，很出眾，但你絕不能滿足於既得的榮譽，將它當作今天休息下來的理由，它應當成為激勵你不斷向前，在明天獲取更大的成功的動力。如果你今

---

24 安德魯·卡內基（Andrew Carnegie, 1835-1919），美國實業家、慈善家、作家。有 20 世紀世界鋼鐵大王之稱。

天打破了自己前所未有的紀錄，你不妨用卡內基先生發給他主管的電報來提醒自己，「何不讓每一天都如此呢？」

聖保羅曾說：「做生意不能懶散，要帶著飽滿的熱情去為上帝服務。」這種服務於上帝或與祂合作的理念正在商業界裡蔚然成風。許多商人們發現，自己經商生涯中最豐厚的利潤，也是最令他們滿意的地方均來自於實行「黃金規則」。這條規則正在一天天地執行下去。很長一段時間以來，這條規則被列入禁忌範圍，或者被人們嘲笑。人們說：「你不能將生意與宗教混為一談，生意就是要做生意，你不能將《聖經》的戒律帶到你的帳簿或工廠中去。」但是，「黃金規則」如今卻已經滲透到了商業領域裡。

「生意就是生意」是商人們常常用來為自己有缺點的經營方式找藉口的關鍵字。這種陳腔濫調再加上另一句，「別人都是這個樣子」，早已讓無數的商人喪失了良知，這兩句話早已被用做幌子，為他們一樁又一樁徹頭徹尾不正當、不誠實的生意來申辯。今天，我們不常聽到這種藉口了。今天的商業界所普遍應用的這種「黃金規則」正在緩衝很早以前那種生硬的方式，並且帶來了最令人驚奇的效果。這樣一個時代即將到來，到那時，所有的雇主與雇員都將發現，他們的利益其實是一致的，他們才是真正的合作者，都在為同一個主人工作，都在追求共同的目標 —— 每個人都在追求更好。

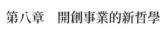

　　許多人意識不到，他們的利益只有在遵循「黃金規則」的情況下才能最大化，這些人往往對待自己的雇員苛刻而殘酷，最終只能導致自己的滅亡。他親手毀滅了所有生產人員最富有活力的希望、熱情與自發的積極性，將工人們的服務從滿懷喜悅變的工作轉變成為了枯燥無味的苦役。

　　不論你是做什麼工作的，你都會發現，在相同的條件下，不論你做什麼樣的投資，最終得到的回報都比不上對待每一個工人就如同對待你自己一樣所得到的回報多。不論是在哪個產業，不公正、苛責、挑毛病、批評和極為苛刻的方法，從一開始就已經被證明是極其浪費人類的精力和效率的方法。

　　如果一個商人的座右銘是「生意就是生意」，而不是「想法不斷（正確的想法），永不懈怠」，那麼，他的這種經商策略遲早會將他帶入絕路。如果他為自己高於常人的小聰明、狡猾，他在經商方面的超級精明而沾沾自喜；如果他讓自己的雇員和銷售人員誤導消費者，故意隱瞞商品缺點；如果他在新澤西製造的技術商品上貼上「法國製造」的標籤；如果他的企業是建立在各種偽造的包裝、用各種手段欺騙、誤導顧客，那麼，這種不誠實經商的策略最終毀掉的不僅是他的企業，還有他的整個人性。

　　有一種現象很奇怪。有那麼多的人明明知道自己的存在

完全依賴於上帝，沒有上帝的幫助，他們將再也無法呼吸，心臟將再也無法跳動，然而，他們似乎卻認為，在自己的生意中總想著上帝是一件愚蠢的事情，是弱者的表現。為什麼他們在生意中竟然會忽略自己和全能的主之間的關係呢？是上帝給他們生命的力量，讓他們的生命得以持續；是上帝賦予他們壯志凌雲的力量，賦予他們能力，讓他們能夠欣賞、享受到上帝為世人所創造的一切美好的事物。那麼，他們為何還會認為將這種力量帶入合作關係是一件傻事呢？原因就是，他們並沒有意識到自己與上帝之間的同一性，因此，他們並沒有正確的思想。

現在，新的哲學承認萬物與上帝具有同一性這個偉大原則，因此，對於每一個生命又有了一個全新的看法。它讓我們以全方位的視角去看待每一個人，因此，人們的野心改變了，人們的動機變得不那麼卑鄙、自私了，人們變得更加利他、施樂好助了，人們的生活中少了許多卑鄙與貪婪。

對於新的哲學觀感興趣的人在做生意的時候比以前更講求良知了，他們不再像以前那樣自私、貪婪、巧取豪奪了，因為他們知道，這並不是什麼科學的方法，他們會因違反了正直原則而付出代價，他們知道，經商中的「黃金規則」才是最佳的、最科學的策略。

新的哲學摒棄了自私的動機，因為它讓我們看到，所有

的人類都是我們的兄弟姐妹，我們都是從同一個來源獲得了自己的本性與維持供給。如果我們意識到了生活中這一更為博大的連繫，認識到了萬物的同一性，那麼我們就會看到，世間的一切均按照同一條真實、偉大、統一的法則在進行運作，自私便不再像以前那樣令人滿意。如果一個人開始認識到別人也是他自己的一個部分，那麼，他就不會再有欺騙他人的欲望了。

那些靠自私手段、不考慮他人利益追求事業的人永遠無法獲得幸福，因為上帝所創造的人類只適合祂統一的計畫，而自私恰好不在上帝的計畫之中，貪婪則是上帝為這個團結友愛的世界做出的計畫中的敵人。一切不帶有自私、不誠實、不清白意味的事情；一切不會傷害到他人的事情；一切沒有貪婪、嫉妒、眼紅、憎恨的事情，都在上帝的計畫中占有一席之地。

如果你是靠那些與上帝的計畫不相和諧的手段來謀生的人，那麼，幸福與真正的成功絕不可能實現，因為你違反了自己的本性。如果你的職業或你的生意並未得到自己毫不猶豫的讚許；如果你的內心深處並沒有對你說「阿門」；如果你所做的事情存在很大的問題，一直不停地拷問你心中的良知，那麼，你就必須為違反了自己心中最美好的一面、褻瀆了上帝賦予你的基本原則而付出代價。

如果你的職業有悖於上帝造物時的計畫，如果它有損於人類的道德，如果你是靠利用他人的弱點、迎合他人的情欲、為了自己賺錢，故意去誘惑他人而謀生，那麼，你就是在從事傷害自己同胞的事情，你所做的事情就是在降低他們道德尺度，那麼，無論是在天堂還是在這個世界，你都無法找到令自己快樂的東西、讓你成為一個真正的男人或女人的東西。你必須用「黃金規則」來端正自己的生活，你必須用上帝神聖的計畫來規範自己的工作，用你的天性法則，用公平、正義、真理、慈善的法則來約束自己的行為，否則，幸福與成功將永遠對你不屑一顧。

　　換句話說，如果你不把上帝視為自己的合作者，你就永遠無法成就上帝對你的期許，但你絕不能將上帝看作是你做壞事的合作者。你的生意必須是合法的、對他人有幫助的，必須是有必要的，必須是有利於而不是有害於自己同胞的，否則，上帝絕不可能與你同在。如果沒有了上帝做你的合作者，你就無法獲得最大的成功，因為上帝就存在於你的生命中，你的生活，你的一舉一動同樣也在影響著祂。

　　與上帝合作是唯一不斷發展，取得真正成功的途徑，因為「上帝就在我們身體裡，那麼誰又能與我們為敵呢？」如果你有了上帝這個合作者，你就是正義、真理、「黃金規則」的合作者，那麼，你又如何能夠讓如此完美的合作者感到失望呢？

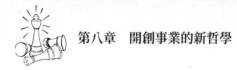

第八章　開創事業的新哲學

第九章
將美好滲透到每個細胞

> 人其實是用身體中的每一個細胞在思考，而這些小小的
> 細胞究竟如何，則完全取決於你的思想。你若用健康的
> 心態對待它們，你就會擁有健康，反之，則會帶給你疾
> 病。所以，你的心態可以令你延年益壽，但也足以令你
> 英年早逝。
>
> —— 奧里森‧斯威特‧馬登

不要再去想你的感冒！不要總想著你會感冒！不要想像
你感冒的樣子！不要再去想每次你的腳著涼或坐在通風口，
你就會生病！

如果我們總是不停地去想那些令自己感到害怕或恐懼的
事情，總是在密切關注著一切與它們相關的症狀或預兆，那
麼，這種心態無疑會減少我們活力；如果我們抱有這種心態，
那麼，這種心態無疑會加速疾病或弊病的進一步發展，就這
一點而言，恐怕是再正確不過了。

如果我們不停地向生命細胞發送懷疑的訊息，發送我們
將會生病的擔憂，那麼，我們的身體就不會表現出健康的狀
態。因此，要想讓身體各方面機能處於協調狀態，我們首先
要讓自己有一個正確的心態。

一位著名的醫生 B. W. 理查遜公爵曾說：「很顯然，有關
精神狀態對原發性生理疾病的影響這方面的研究實在是太少
了。」

與數年前相比，我們正在將更多的注意力投入到這個方面，但事實上，真正意識到意識能夠給思想帶來影響的人卻寥寥無幾，所以，人們總是不停地透過意識來傳遞自己的思想，盡情地釋放那些能夠導致疾病的情緒和感情。每當我們產生不協調的思想、情感或情緒，我們必然會在身體上相應地也產生一些不協調，這就是代價。

我們往往把身體想像成一系列不同的器官，這些器官都是獨立存在的，它們的質地和構造都完全不同。然而，科學告訴我們，人類的身體是由一組組微小的細胞所構成，細胞產生了交流傳輸的作用。每一組細胞都能產生不同的身體構建或身體保護作用。其中一組產生身體構建骨骼的作用，另外負責為身體搭建神經，其他還有幾組分別是負責大腦、肌肉、皮膚組織等等。

身體內的每一個細胞都在為這個人整個身體的最佳狀態而發揮作用。每一個細胞都是我們的朋友，我們也應當將它當作朋友來對待。

這些細胞不會隨著身體的長大而增大，卻會以不斷分裂的方式增加數量，每一個細胞都能夠分裂成為兩個完整的細胞，這個過程在不斷持續，一直到這個人完全長成為止。每一個細胞都是透過自身的分裂來延續下一代，不論它的母體細胞是好是壞。

一些細胞極為微小，據估計，要將兩萬五千個或更多這樣的細胞並排在一起，方可達到一英尺那麼長。但是它們卻可以帶著人類的智慧去做自己的工作。身體裡的每一個細胞都是一個工人，不斷地為自己所屬的社區服務。有一些細胞可以算得上是專門細胞，比如說肝臟細胞、心臟細胞、肺部細胞、消化系統細胞。每當任何器官或功能發生損傷之時，這些小小的專門工人就會立刻來做修復工作，血液會給它們帶來各種所需原料。科學家們告訴我們，這些細胞工人的建設和計畫工作就如同建起一座大樓或鐵路那樣高明。

　　正因為身體的全部細胞都多多少少是具有智慧的，所以，我們不僅僅是在用大腦思考，而且還在用全部身體器官在思考。我們很容易就能明白，我們的思想和信念必定會對這些智慧細胞產生影響，其性質使然。我們既可以透過思想讓身體的每一個細胞裡充滿健康，我們也可以透過思想讓身體裡的每一個細胞充滿疾病。我們既可以為它們輸入帶有健康的訊息，也可以輸入帶有疾病的訊息。

　　就拿胃部的細胞來說吧，胃部細胞能夠分泌一種消化食物的液體，如果大腦發出一種消化不良的思想或訊息，那麼這些細胞在工作時，功能就會大大減退，它們會大量減少消化液體的分泌，因此無法徹底完成必要的消化過程。任何有損於胃部細胞的東西都會有損於消化液體，因此，會導致嚴

重缺乏身體所需的營養，因此，人體的活力就會大大減少，抵抗力也會在很大程度上降低，因此，疾病就接踵而至。潛藏在人體系統中的疾病病菌就會在衰敗的細胞上大量繁殖。

　　我的朋友們，你們對自己身體中的智慧細胞又說了些什麼呢？你是否一直都讓它們充滿了擔憂、焦慮、恐懼、害怕和疑慮？你是否在身體裡這些小小的細胞中輸入了一些不良的訊息，比如說懷疑、不確定、質疑自己的能力和健康、缺乏自信？你是否曾對自己腎臟或肝臟的細胞說過一些不好的話？比如：你已不再是它們的主人，你打算用藥物來代替你的精神力量。你是否打算告訴它們，你已不再是它們的統治者，你的思想將會撒手不管，會將自己的力量拱手奉送給某些藥物，那些從盒子裡或瓶子裡拿出來的東西？如果它們很明顯是生病了，或許它們正是你的消極思維、你自卑的想法、你消極的情緒、你的失望沮喪所導致的受害者，那麼，你還打算繼續用思想為它們輸入一些更沮喪、更自卑、更無望的訊息嗎？還是，你打算用希望、信心、自信、期待美好事物的到來激勵它們？你是否打算將健康、樂觀、快樂輻射到每一個細胞中？

　　你是否會用一些健康、鼓勵、建議、自信、希望、期待美好事物、期待救助這種精神訊息來調和緩解這些不健康、恐懼、焦慮、憤怒、自卑的有毒的精神細胞？你會為它們輸

入一些具有療效的思想，還是一些有疾病的思想？你會用思想保佑，還是咒罵它們？

愛迪生曾說：「我們身體中各個器官的細胞之所以會失去功能或死亡，是因為它們無法忍受我們用錯誤的方式對待它們。它們並沒有做好打算按照我們發給它們的指令去做。它們常常因人們邪惡的建議、缺乏信心，充滿懷疑、恐懼、擔憂、焦慮的思想而受到嚴重打擊！」

思想中總想著生病，想像中充滿疾病和不健康，總是留意不好的症狀和趨勢，時刻想著自己的健康欠佳，擔憂它、為它煩躁、談論它、描述你的症狀、研究治病處方、看那些醫療廣告上描寫的症狀並將它們和自己連繫起來。所有這一切消極的信號都相當於是給身體的每一個細胞發了一個電報，讓它們加速疾病的發展趨勢。

身體的細胞會根據我們想像和確信的事物而變得壓抑或者興奮、刺激、鼓勵。

你是否總感覺自己的腎臟有問題，並且為此而苦不堪言？殊不知如果真這樣做了，當你這樣肯定時，你究竟是在做些什麼？腎臟就像我們的胃一樣，都對我們的思想十分敏感，如果你這樣做，就是在給它們的細胞注入許多焦慮和恐懼。當它們需要你的鼓勵時，你不但沒有鼓勵它們，給它們注入刺激和振奮的精神，反而給它們發送了一些失望和沮喪

的訊息。結果會是什麼呢？當然是有毒的化學物質。你是在給那些正為改變腎臟不正常情況而努力的微小細胞增添額外的負擔。你不但沒有幫助到它們，反而妨礙了它們，你是在打壓它們，讓它們失去信心。這些都嚴重地干涉到了細胞的正常功能，從實質上促進了潛伏在那裡的疾病發展的可能性。眾所周知，有許多人，尤其是敏感型的人由於擔憂和想得太多而患有「布萊特病」或其他一切腎臟疾病。

這種心態即使是對正常人的身體器官也絕對會產生破壞打擊作用，所以，你應該讓你的腎臟以及身體的其他器官有思想的細胞受益於你的鼓勵、你積極向上的思想，這樣一來，它們才會表現出正常的功能。

胃部對我們的思想十分敏感。如果我們收到一封傳遞壞消息的電報，比如說對我們重要的人病危、去世或者有其他不幸的事件降臨到他們頭上，我們都知道我們胃部的濾泡會多麼快就感到灼熱乾燥，不再分泌胃酸。在胃液分泌恢復正常之前，胃部會喪失消化功能。然而，如果這些不幸的消息一直停留在他的意識中，揮之不去，那麼，他的胃液分泌就不會恢復正常。這是因為胃部的細胞和大腦以及身體其他部分的細胞是協調一致的。

既然我們都知道細胞會隨著我們向它傳遞的訊息而做出反應，因此，如果我們希望細胞能成為我們的朋友，而不是

我們的敵人，讓它們的一切功能都能保持正常，我們就必須對它們保持友好。

我們完全能夠將表明自己希望的訊息發送到身體器官有生命的細胞中去，並鼓勵它們有所反應，就如我們對待孩子那樣。如果我們總是在打擊孩子、呵責孩子、怪罪和譴責孩子，孩子就永遠也做不成任何事。我們可以向身體內每個器官的智慧細胞發送失望或希望的訊息、愉快或憂愁的訊息、期待美好事物或是相反的訊息，因此，我們既可以用愉快、健康、希望、成功，也可以用失望、疾病、悲觀來將這些訊息寫入我們的生命中。換句話說，對於我們想要實現的夢想，我們必須抱有期望、思想、和信心。我們的思想頻率必須與我們希望出現的事情保持同步與和諧，必須要與有益於健康、快樂、富裕生活保持同步與和諧。

在生活中，你要堅持自己與上帝的同一性、與神聖力量的同一性，你就會習慣性地鼓勵、刺激、促進你的整個人的進步，這樣一來，你的生活會逐漸改變，你會擁有自己的個性。你一定要牢記，真正的你其實是完美的，你是那個和真理在一起的人，你本性中、真實自我中的真理是不會有錯的。

如果你一直保持著希望、健康、愉快的心態，很快，你的身體狀況就會產生令人倍受鼓舞的結果。你的習慣性思維，你的固定信仰，是你生活中最強大的力量。你的生活軌

跡會跟隨者你的思想、你的信仰。你要訓練自己的潛意識去期待健康，期待你身體裡所有器官一切功能正常。這條不容改變的法則往往會讓我們心想事成。

醫生們越來越意識到，病人的心態對治療的影響作用。期待痊癒、相信自己能夠重新獲得健康對於平常的治療有極大的幫助作用，因為你的思想讓身體中的每一個細胞中都期待、堅信美好事物將會到來。另一方面，如果你總是在想，你再也不會好起來了，那麼，你就是在為你身體裡的細胞傳遞一種失望、鬱悶預感和壓抑感，這些感情對患病器官中的智慧細胞而言，是最可怕的壓制物。

一個朋友的情況能夠對以上給出的陳述做出再好不過的論證。這位朋友因腿部骨折住院，醫生已經通知他，他腳已經出現了自然生長的壞疽，醫生也無法確定它最終會變成什麼情況。他們建議病人最好立刻從膝蓋以下截肢，否則，可能會危及生命，他們甚至不敢肯定立刻施行手術是否能夠挽救得了他。

在朋友的要求之下，我立刻趕往他所在的醫院。在醫院裡，我發現他正被濃重的愁雲慘澹的氣氛包圍著。馬上實施手術的建議讓他身體裡所有的細胞都遭受著巨大的壓力。

要治癒壞疽傷口看起來就像是起死回生一般困難。事實上，它的確意味著要讓死亡的組織恢復生命，因為壞疽組織

發展得十分迅速。但是，在基督科學的幫助之下，透過運用
思想的力量，不斷惡化的病情得到了阻止，細胞開始重新生
長。所有令人沮喪的建議都被充滿希望和自信、期待病癒的
建議所取代，而這一切則對病情的好轉、修復過程產生了很
大的幫助。在全新的狀態之下，病人立刻就顯示出了明顯的
好轉，身體中的細胞立刻就對有利於健康、痊癒的思想做出
了反應。數以百萬的細胞開始塑造肌肉，數以百萬的肌肉開
始修復受損的組織。負責搭建神經的細胞開始搭建神經，皮
膚細胞開始加工皮膚，正常的骨骼細胞開始取代破碎的骨
骼，受到感染的腳又有了正常的脈搏。這一切都讓外科醫生
大吃一驚，他說，壞疽已經連續好幾天沒有繼續發展了。正
是這種神聖的精神幫助病人恢復了正常的狀態。整個情況已
經被良好的勢頭所控制，事實證明，手術已經完全沒有必要
了，因此就沒有實施。我的朋友從此後就完全康復了。

　　許多所謂的「不治之症」竟然會在有利於健康、恢復的
思想和建議下徹底痊癒，但是，如果醫院、病房裡到處充滿
絕望的氣氛，護士和醫生都是一臉焦慮，親戚朋友都在你旁
邊哭泣，那麼，病人極易成為疾病的受害者。如果一個人的
意識被催眠後，在頭部架在一張椅子上，雙腳架在另一張椅
子上，身體懸空的情況下，也能夠支撐六個人的重量；如果
用催眠術告訴他，燒紅的烙鐵碰到了他的身體，他的皮膚就

會出現水泡；如果用催眠術告訴他，他正在喝的是烈酒，那麼，即使他喝的是水，也照樣會酩酊大醉。那麼我們不妨想一下，對於受過嚴重的、被認為有可能會致命的傷害，且正處於恢復中的病人而言，如果被告知沒有任何希望了，必須要動大手術，且手術成功的希望也不大，那麼，這一切會給他身體中的細胞帶來什麼樣的影響！設想一下，醫院裡那種壓抑的氛圍會給敏感的病人帶來什麼樣的感受，會給病人的身體細胞帶來什麼樣的消極影響！

　　如果所有住在醫院裡和在家裡休養的病人都能夠被一種歡快、充滿希望的氛圍所包圍，如果他們周圍的每一個人都能夠對他們微笑、鼓勵他們；如果周圍所有的提示物都是有助於康復的，而不是那些病房、手術臺甚至是死亡，那該是多麼美妙的一件事啊！

　　抱有希望還是帶著絕望；期待病痛緩解還是感覺自己定然會失去一條腿甚至生命，兩種態度會產生截然不同的情況。正是因為我的那位朋友用思想向他的身體細胞傳達了一種竭力擺脫有害物質、幫助身體器官祛除壞疽感染，才會讓情況逐漸好轉。

　　我們是用整個身體在思考，而不是單單用大腦在思考。這一發現不僅有助於飽受疾病折磨的病人，而且對於精神治療師來說，同樣也是個巨大的幫助。以往，人們總認為，除

了大腦細胞以外，其他的細胞都是沒有智慧的，醫生是在和沒有生命的物質打交道。而現在，醫生們都知道自己的工作對象是有智慧的生命細胞。病人也知道，身體裡的細胞能夠感覺到自己鼓勵的思想、朝好的方面發展的建議，因此，也會做出積極的回應。他知道，如果他對生病的器官講述一些健康的訊息，智慧細胞就會與他發送的訊息保持和諧一致。他也明白，健康最基本的原則就是要緊緊抓住一條思想，那就是上帝創造每一樣東西都是有道理的，人的本質是神聖的，我們真正的自我是沒有任何問題、沒有任何不協調的，因此，我們不應該對身體內不同器官，比如肝臟、心臟、肺部、胃部等的各個細胞集團發出能夠帶來壓力的訊息。所以，醫生不僅要給病人的每一個身體細胞發送歡快、健康、強壯、刺激、興奮的訊息，而且還要給他自己的身體細胞發送同樣的訊息。

你會對組成自己各個器官和組織的無數細胞說些什麼呢？你會向它們預言健康、力量、效率、成功、幸福還是傳遞給它們一副象徵著未來陰暗、黑暗的畫面？你會向這些小小的細胞傳達勝利還是失敗的訊息？你是否知道當你憂鬱、洩氣、沮喪之時，當你所想的、所談論的、所做之事都和貧窮、缺乏、有限、失敗相關之時，你知道自己在對細胞在做些什麼事情嗎？

你向它們發送的是希望還是絕望、自信還是不自信會產生很大的差別，因為這相當於是你在預言自己的成功或失敗、健康或疾病、幸福或悲慘。你用思想輸入這些細胞的東西決定了你的健康、效率和你自己的命運。

　　正如訓斥、責怪雇員能夠帶來最糟糕的結果一樣，誇讚、鼓勵雇員能夠帶來最佳的效果。我們的各種身體器官也是如此，它們不僅與大腦有密切的關係，彼此之間也關係密切。舉個例子，在承認細胞有智慧的前提下，如果我總是在咒罵、打擊自己的胃部細胞，告訴每一個人它的工作是如何糟糕，那麼，你還能指望它為你提供最好的服務嗎？設想一下，如果一個商人竟然在自己的公司裡四處巡察，不停地責備他人，說自己的雇員什麼事都做不成，說他們工作開小差，大腦進水了，那麼，他又能得到什麼樣的服務呢？我們十分清楚結果會是什麼樣。

　　我們也知道，器官細胞對我們的心態、情緒、態度的敏感程度絕不亞於雇主對雇員心態的敏感程度，它們會不停地受到不良消息的強烈影響。各種擔憂、焦慮、刺激、精神壓力都會對細胞產生傷害性的影響，損害和削弱我們的整個身體系統。對恐懼的想法十分敏感的人體器官不僅僅是腎臟，還有心臟。據說，當馬兒被生氣的主人訓斥時，它的心臟跳動會迅速加快，狗也會有類似的反應，它的心臟極易受到情

緒的影響，有時候，它甚至承受不了恐懼或突然之間驚嚇的折磨。狗常常會因為失去摯愛的主人而悲傷過度，鬱鬱而終。

我們思想中的任何念頭都會傳遞到我們的器官當中，並在器官當中也形成同樣的概念，同時對我們的生命也會產生相應的影響。正如想著健康就能帶來健康、想著成功就會帶來成功一樣，將整個身心狀態調節到與成功同步，思考一些鼓勵的、自信的、肯定的、有效的、首創的事情往往會加強人在這些方面的素養。也就是說，習慣性地順著這些思路去想，就會讓整個人體機能具有磁場般的引力，這些引力與我們的心態相一致，能夠將我們渴望的事情吸引過來。

如果我們希望自己繁榮發達，我們就必須朝著這方面去想，讓身體裡的每一個細胞都充滿財富、富足、成功的思想。如果我們想要幸福，我們也必須將這些思想傳遞給身體裡的每一個細胞。換句話說，我們必須不停地向自己的細胞傳遞自己的心願和欲望，我們必須在整體上保持這個心態。

許多人的錯誤思想和壞習慣讓我們的生命細胞受損，所以，他們已經長期習慣了萎靡不振與較低的道德標準。

人類文明所面臨的危險之一就是不正常的生活方式，尤其是大城市的生活方式。大城市中，有成千上萬的男男女女，他們的不良飲食習慣，也就是暴飲暴食或飲食不規律，在餓極了的時候、心情憂慮的時候吃東西，在睡眠不足、缺

乏休息或放鬆的情況下持續工作，睡眠不規律、晨昏顛倒。這些或其他一些不正常的習慣或狀況常會導致消極的想法，以及在思想裡產生一些不正常的念頭，這些念頭常常是沮喪的、邪惡的、犯罪性質的有時甚至是失去瘋狂的。換言之，我們的大多數疾病、不幸、無能、失敗都來自受損的生命細胞。

細胞的效率對於一個人能夠產生統領全域的作用，它決定著一個人情形的好壞，所以我們不應該忽略任何能夠讓它們保持正常狀況的東西。如果生命細胞完整，我們就不可能會生病，不論身體的任何部分出現了充血、炎症或疾病的傾向，能夠應付這種傾向的最快速方法就是用積極向上、振奮人心、神聖的想法去鼓勵和刺激生命細胞。

或許你可能會認為，你的主觀因素和自己身體的情況沒有太大關係，你無法改變造物主賜予你的一切，不管你是好的還是壞的，你的遺傳基因早已限定了你。然而，從現在的觀念、從一個大的角度上來說，我們應該是創造自己命運的人，我們的身體是具體化了的思想。我們是自己心態、思想、信念、努力、欲望、的產物，誰生來都不應該是基因遺傳的犧牲品。造物主在創造他的那一刻，已經在他的身體裡潛入了一種最神聖的力量，如果他能夠發展並利用這種力量的話，哪怕是最糟糕的遺傳因素也能被他征服。他既能夠讓自己的身體集健康與和諧為一體，也能夠讓它滿是疾病與失調。

心態能夠讓我們的身體器官表現出正常或非正常的功能，它可以確保我們的健康也可以招致疾病，心態可以讓我們延年益壽，也可以縮短我們的壽命，我們可以限制或令自己的生命枯竭也可以讓自己的生命更開闊、更美麗。

　　一直想著自己是青春的，你就會充滿青春活力，讓身體的每一個細胞都因你朝氣蓬勃的思想而充滿活力。而我們大多數人所想的都是年老以後的可能性、對老年的恐懼。我們懼怕衰老，害怕力量的減退，於是就把無助的、衰老的思想注入了生命細胞當中，那麼，我們又如何能夠指望它們表現出年輕的樣子來呢？

　　如果你渴望自己能呈現出繁榮發達、精力旺盛、充滿活力與生機的樣子來，如果你希望自己能夠表現得健康、茁壯、男子氣概十足，那麼就將這些思想輸入到你的生命細胞當中吧。如果你想要有一個繁榮、和諧、美好的環境，你就必須將繁榮、和諧、美麗的思想注入你的生命細胞中。

　　你可以盡情想像自己渴望夢想成真的事情，不要忘了，你身體裡的每一個小小細胞具有和你大腦中相同的思想。就像清晨的露珠能夠反映出一個小小的太陽一樣，你身體中的每一個細胞都能夠形成一幅畫面，反映出你的思想和理念，並對你的性格特徵帶來一定的影響。

　　每天早晨在開始工作之前，花上幾分鐘時間，將你在白

天期間想要表現出的狀態 —— 健康、年輕、高效、成功、發達、和諧、愛用思想輸入你全身的細胞當中。如果這件事逐漸成為了你的日常習慣，你將會吃驚地發現，這對於你得到自己所希望的事情能產生多大的幫助。

要想得到健康，你就要去掉腦子裡不健康的思想。只要你思想裡有了結核、風溼或其他一些身體疾病的想法，你就再也沒辦法擺脫它了。你需要不停地想像自己想要實現的東西，如果你想要親身體驗這些東西，你就必須讓生命細胞中充滿健康和快樂的思想。

如果我們在生活中養成只去想正確的事情的習慣，如果我們只選擇那些建設性的、創造性的、美好的東西去想，只去想真善美的、健康的、成功的、幸福的東西，而不是去想一些與之相反的東西，我們的生活將會有多麼大的不同啊！正確的想法，歡快、充滿希望、向上、善意的思想將會帶給我們全新的生命細胞、希望細胞、歡樂細胞、青春細胞，而焦慮的想法，沮喪、悲觀的想法，失敗、疾病的想法亦將帶給我們相應的結果。

如果我們意識到，上帝就存在於周圍流動的空氣中，我們每吸入一口空氣的同時，也將上帝帶入了自己的身體，我們的全部生命、全部精力就會充滿無限神聖的力量，我們的生活就會按照上帝的計畫一步步展開。如果我們認識到，我

們身體中的每一個細胞都是神聖的，裡面充滿了健康、和諧、美麗，那麼，我們透過體驗，就會明白，到底什麼才是真正的生活的力量。

第十章
正確面對生活

「失望就像是一面篩子。不夠強大的志向、希望以及靈魂深處不夠堅定的努力，都會從篩眼中無情地被過濾，而架在上面的，則是大塊的、令人討厭的問題。然而，這只是一次測試，並非最後的結局。」

—— 威爾斯普林

最近，我一直在開導一位極具音樂天賦的年輕女士，她在經過了相當的奮鬥和犧牲之後，最終得出一個結論，她成功的希望十分渺茫。她的生活被家庭瑣事層層包圍，她說，她的家人實際上根本就不贊同她的志向，就算她再怎麼渴望音樂的職業生涯也是無濟於事的。所有她能期待的，也只能是用自己的天賦為朋友和自己帶來一些小小的歡樂，她其實已經放棄了出現在大眾面前的希望。

現在，這位年輕女士在不知不覺中已經失去了自己那顆進取心，那些一直在激勵著她、給她以希望和動力的東西正在漸漸離開她的生命，是她自己主動放棄了這一切。她並沒有帶著期望，盡最大的努力去爭取，從而最終勝出，相反，她主動向困難認輸了。不顧一切阻撓，下定決心要贏的這種心態具有一種創造性的力量，它與虛弱、消極的，實際上也就是投降的心態之間有著巨大的差異。期待獲勝，雖然勝利看似遙不可及，但它也是一個強大的精神支柱、是不斷刺激我們努力的真正的強大動力。在生命的賽場上，希望和意志

力才是最關鍵的因素。

克里斯蒂安・D. 拉森[25]曾說：「對於你所期待的，要一直保持欲望，要表現得就像每一件期待中的事情很快就要實現一樣。」你的期望能夠打開或關閉你的供應之門。如果你很期待做出一些大事，且願意踏踏實實為之付出，它們自然就會來到你身邊，你的努力也會隨著你的期待相應地增加。如果你只是期待一些小事，你就會整日裡庸庸碌碌，你自然而然就不會全力以赴。兩種截然相反的情況都適用於這條規則。

大多數失敗之人都是在為失敗作打算的人。還沒等到失敗來臨，他們就早已心驚膽戰，在腦子裡想了無數次失敗的場面。這種恐懼和他的想像會在很大程度上削弱了他的能力，浪費了他許多精神力量，而這些力量若是得到恰當的應用，定然會帶給他成功。

希望和期待是一種積極的力量，它們會為實現目標創造有利條件，它們在很大程度上影響著我們的外貌和留給他人的印象。比如說，如果一個年輕人期待幸福未來，相信擁有一個自己的家的夢想會成真，不停地做著白日夢，不停地想像自己的事業獲得成功，在家裡和每一個摯愛的人愉快相處，那麼，他的外貌和表情會與一個放棄了成功的期待，放

---

25 克里斯蒂安・D. 拉森 (Christian D. Larson, 1874-1954)，美國新思想運動領袖、導師、多產作家。拉森的很多作品在百年後的今天依然經常再版。代表作：《在高處》、《唯一的成功就是追求成功》、《完美健康態》、《沉睡的巨人》等。

棄了擁有自己的家的希望，對自己失去了信心，用無助、悲觀的態度面對生活的年輕人的外貌和表情截然不同。

奧利弗・溫德爾・霍姆斯博士[26]曾說過，最重要的事情不是你所處的位置，而是你所面對的方向。換句話說，產生作用的並不是你所處的環境、你的起點，也並不是你走了多遠，而是你在精神上所面對的方向。正是你的心態，也就是你在人生旅途中所表現出來的精神才是重要的事情。一個人習慣性的心態、想法、動機、心情、希望和期待決定著一個人的人生過程；這一切也在潛移默化地影響著一個人的個性，同時也決定著一個人命運。如果這個理念能夠深入到年輕人的思想當中，那麼，它將會對一個人正確的思想、正確的生活、整體的進步產生多麼強勁的推動力啊！

人類最大的失望之一，也就是讓我們感到最為遺憾的一點，就是我們沒能更快一點發跡，沒能夠更早一點達到我們的目的。我們無法理解，為何人生已過半，或者已過了一大半，我們似乎仍在年少時剛剛出發的地方徘徊，並沒有在多大程度上接近目標。在這種情況下，大多數人的主要原因是因為我們就像那個前往希冀之地的猶太男孩一樣，漫無目的地在懷疑、恐懼、錯誤思想、不良欲望、痛苦與沮喪的荒野裡兜圈子，浪費了太多的時間。

---

26 奧利弗・溫德爾・霍姆斯（Oliver Wendell Holmes, 1809-1894），美國醫生、著名作家。被譽為美國 19 世紀最佳詩人之一。時任哈佛大學醫學院教授、院長。

如果這個猶太男孩能夠直接走向他的目的地，他就不會花上四十年的時間在這個討厭的荒野裡去體會、去學習各種教訓。如果我們能夠按照神聖的法則去做每一件事，面對著最高的目標，我們將不會被迫在一個讓人不痛快、無法實現夢想的荒野裡漫無目的地遊蕩半生甚至終身。

我們只有面向著自己的目標，我們只有相信自己會最終勝出，才會在人生的旅途中不斷前進。每當我們懷疑自己，每當我們覺得自己是個失敗者，每當我們感到沮喪和憂傷時，每當我們被欺騙或不誠實、卑鄙、自私的時候，我們都偏離了自己的目標，偏離了幸福和成功的目標，轉向了不幸福與失敗的目標。

人們找不到工作的原因之一就是他們失望、悲觀的心態。他們不停地講述自己不幸運的故事，不停地抱怨社會不公平，所以他們才無法發達。但是他們全然沒有意識到，他們的心態和觀點比其他任何事情都能影響到自己的運氣。他們不知道，如果他們總是在喋喋不休地抱怨自己的困難，總是想著失敗的方向去看，總是在預測失敗，那麼，他們的生活也必然也會朝著那個方向發展。

大多數人表面上都是在為一件事努力，但是他們的心和精神卻是在和這件事作對，不停地表現出和自己意願相反的行為。

對人類最有幫助的一件事情莫過於用正確的態度對待生活。如果我們從自己職業生涯的門檻處開始，就不停地踮起腳尖向前張望，那麼，我們就一直能夠朝著正確的方向、向著自己的目標前進，而不是不停地改變方向或後退、或重蹈覆轍，浪費時間。如果真能做到這一點，那麼，我們在有生之間將會取得巨大的進步。

「失敗不算罪過，但是沒有目標就等於是犯罪。」真正的罪過是和自己的目標背道而馳，朝著錯誤的方向面對生活。失敗是倒行逆施，是不堅持向著目標朝前走，不論這個目標對我們而言是遠還是近。只有放棄、失去信心、後退才是真正的失敗，一個精神上的失敗的人才是真正的失敗者。與精神失敗相比，身體上的失敗根本不算什麼；失去住所、家人、朋友並不是真正的失敗，因為這些事情有時完全不是我們所能控制的。失敗是失去力量、喪失信心、失去自信，面向著錯誤的方向。失敗意味著精神上的投降。拿破崙說過，他並不是擊敗了自己的老對手，而是徹底殲滅了他。如果一個人的希望還在，信心尚存，就絕不會被徹底擊敗。只要一個人滿懷希望、信心和勝利的決心面對生活，他就不是一個失敗者，如果他不背叛生活，他就不會被擊敗。

有人說：「一個人在遲疑中時，唯一安全的方向就是向前走，而不是向後退，這個時候，你只需要跟隨著心中呼喚你

的那道光，向著前方頻頻召喚你的手前進即可。」如果你能夠聽到靈魂深處上帝的召喚，它將一直帶領著你朝著正確的方向前進。「鼓起自己的勇氣，上帝會給你的心以力量，上帝將帶給你一切希望。」

如果一個人期待最好的事情，他就會努力尋求、相信最好的事情，並為之奮鬥，累積神奇的力量去吸引自己渴望的事情。

這條精神法則同樣也可以應用到相反的方面。如果你總是相信、真的在想，你永遠是窮的，那麼，你永遠也得不到周圍許多人所擁有的東西，你所擁有的，就是你所吸引來的。你朝著自己的所懷疑的事物不斷前進，這和你朝著自己所相信的事物前進是同樣的道理。所以說，人總是朝著自己預料和期待的方向前進。

在這個世上，有無數為自己的發達、富裕而努力的人，但是，他們卻一直在思想中想著自己的貧窮，因此，他們的努力打了折扣，他們的目標受到了打擊。他們不僅從來都沒有期待過好的事物，而且還十分肯定，他們永遠也無法擁有它們，老天似乎並不想將這些賜予他。這樣一來，他就切斷了一切美好事物到達他的途徑。

我不止一次聽到一些婦女對她們渴望擁有的東西發出強烈的讚嘆，但是，她們卻認為，這些東西是屬於別人的，不

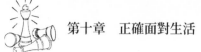

是屬於她們的。她們會說：「哦，多漂亮的房子啊！多精美的家具啊！多好看的衣服啊！我多想能擁有這樣的東西啊！但很明顯這些都不屬於我。命中注定它們是別人的。」

這些婦女並不知道，耐心地期待美好事物、堅持認為她們有權擁有著一切、堅持表達她們將會擁有這一切、這一切就是為她而準備的心態能夠具有多麼巨大的吸引和創造力。

對我們所渴望的事物保持期待與擁有的決心，這與眼紅他人、嫉妒他人擁有那些我們完全不需要的東西根本上是兩碼事，有著本質上的差別。它只不過是宣稱我們擁有神聖的力量、擁有與生俱來的權利，我們有必要分享來自上帝的饋贈而已。

我多麼希望自己能夠將這種思想注入那些重病者、喪失勇氣者、焦慮不安者，總是為自己的健康和成功感到憂患重重的人啊。這個理念便是 —— 我們所期待的和恐懼的最終都會來到我們身邊，我們主要的恐懼會變成慢性恐懼，而這一切都會對我們個性的形成產生決定作用！

錯誤的精神，悲觀厭世的世界觀面，面對黑暗、沮喪、洩氣的觀點會扼殺信心，讓努力大打折扣，所以，你永遠不能允許自己有任何萎靡不振、貧窮、次等、缺乏能力或可能失敗的感覺，不能讓自己有虛弱、生病的想法，也不能讓任何你所不欲的東西逗留在自己腦海裡。每當這些不好的念頭

出現之時，你就要改變思路，將它們驅趕得無影無蹤。對於任何你想要的東西、你想要實現的志向、你正在努力去做成的事情，你都要不停地抱有一種期待的態度。

我們要看到自己非凡的潛力、帶著實現造物主安排給我們的輝煌人生的期待去生活，這便是正確的面對生活的態度。如果我們時刻牢記，有一種萬能的力量、神聖的智慧主宰著這個宇宙，我們是這種力量的合作者，只要我們與祂密切合作，我們就能夠實現祂早已為我們安排好的計畫。如果你學會了絕對信任這種神聖的智慧，依賴這種無限的、支持宇宙萬物的、引導你走向一個最終神聖目標的力量，那麼，你所需的一切將變得應有盡有。這樣一種心態會讓我們戰勝一切容易引發自卑的思想。

如果你總在考慮未來，喜歡做白日夢，那就做一個崇高、美麗的夢吧，不要做破爛寒酸、毫不值得的夢。我們到底會擁有一個怎樣的夢想，其中金錢、奢侈、虛偽、自私自利的野心、巧取豪奪、貪婪的欲望產生了太大的影響作用。美好、真實、愛、友誼、心智上的愉快，也就是靈魂上的愉悅感，只有這些才是真正值得追求的事情，因為這些並不是轉瞬即逝的、海市蜃樓般的東西，它能帶給你一種長久的滿足感。

這個世界最需要的是這樣一種青年男女，他們有正確的思想、崇高的精神、為人類做貢獻的志向、幫助世界朝著正

確方向發展、促進提高生活水準的理想，而那些低級俗氣的思想、自私貪婪的野心是永遠也無法達到的。

人類最需要的，莫過於愛、友誼、同情和無私的幫助，它對與人類就像糖分和陽光一樣重要，只有這些才能讓生活變得有意義。立志幫助別人會讓一個人的生活更加高尚，而自私的野心，靠掠奪每一塊錢累積財富，從未想過服務於別人的人，則是卑鄙無恥的、不配成為上帝之子的人。

基督耶穌對信徒們說過：「只要你在上帝的王國裡尋找，你就會得到祂的正義和正義之事。」其意思就是說，我們在尋求上帝或天堂（和諧）的王國之時，就已經讓自己具備了讓自己吸引一切美好的、有利於我們的事物的強大力量。而這一切——愉快、和平、滿意、知足，則全部是我們真正需要的，也是值得的。祂告訴我們，在尋求上帝王國，即和諧、美好王國之時，我們必須遵守一個原則，也就是吸引力法則能夠給我們帶來造物主注定要讓我們擁有的東西。所有我們需要的事情都將流向我們。

基督從來沒有給過我們有違於因果關係神聖法則的生活信條，因果關係信條告訴我們，我們種瓜得瓜，種豆得豆。祂並沒有說，我們應該不勞而獲，而是告訴我們，如果我們做正確的事情，如果我們正確面對生活，如果我們誠實正直、樂於助人、無私奉獻，我們也會得到這樣的回報。我們

播種了什麼，必然會收穫什麼。

我們常常會看到能力和機會相當的兩個年輕人在生活的起跑線上同時出發，追求幸福與成功。其中一個人面朝著正確的方向，將自己的精力全部花在了公正誠實、正義、值得付出的職業上。他不僅自己按照內心的呼喚做出了正確的選擇，而且還無私地為他人奉獻，不論何時何地，隨時願意伸出援助之手。因此，他不僅收穫了成功的果實，而且還得到了他人的愛戴。這一切都是他親手播種的。

另外一個人則面朝著相反的方向行走 —— 放縱、迎合自己的感官享受和邪惡的情欲、用生命和自己生命中寶貴的財富去做賭注，一直到最終到達監獄為止。他將自己的精力都花費在消極的、具有破壞力的事情上，而另一個年輕人則花費在了積極和具有建設性的事情上。而他們兩個卻在尋求同一件事情 —— 幸福與成功。如此差異巨大的結果是由於他們從一開始就面對著不同的方向而導致。

《聖經》告訴我們，「丹尼爾（希伯來先知）的地位高於國王與王子，因為他身上具有一種卓越的精神，國王打算將他的整個王國交給他來掌管。」丹尼爾不僅受到大流士國王[27]的

---

27 大流士國王（Darius，西元前 550 至西元前 486），即大流士大帝，波斯安息省長希斯塔斯佩斯的兒子，阿爾薩米斯之孫，阿里亞蘭尼斯曾孫，泰斯帕斯四世孫，阿契美尼斯五世孫。西元前 521 年至前 485 年波斯阿契美尼德帝國君主。《聖經》的中文譯本譯作「大利烏」。

愛戴和尊崇，而且還受到尼布甲尼撒國王[28]、伯沙撒國王[29]的推崇，因為他從出生到成年再到進入尼布甲尼撒王室，都一直朝著正確的方向，朝著勇氣、真理、公正、正義的方向在前進。

這個世界上只有一件事情可能是錯誤的，那就是我們的心態。我們是上帝神聖計畫中的干擾者，因為我們並不能總是以正確的方式面對生活，也就是不能以勝利者和成功者的姿態面對生活。不論環境多麼不利、多麼容易讓人受到迫害，但是卻沒有人能夠擊敗一個面對生活充滿勇氣和希望的人，正是這種優秀的精神讓丹尼爾的地位高於國王和王子，並被委以管理國家的重任。

人類力量的神聖標誌便是勇氣和高度的自信。他們對自己和自己的任務有堅定不移的信心，他們期待自己能成就大事，他們永遠不會成為懷疑未來、質疑上帝神聖計畫的結果的犧牲品，這樣的犧牲品不具有人類的真正特質。

我們中大多數人的問題所在就是我們對自己的要求太

28　尼布甲尼撒國王（Nebuchadnezzar II，約西元前 634 至西元前 562），是位於巴比倫的迦勒底帝國最偉大的君主，在位時間約為西元前 605 年至前 562 年。他因在首都巴比倫建成著名的空中花園而為人讚頌，同時也因毀掉了所羅門聖殿而為人熟知。他曾征服了猶大王國和耶路撒冷，並流放了猶太人，《聖經》上對此也有所記載。他的事蹟被記錄在《但以理書》中，並且聖經的其它章節也提到了他。用巴比倫的語言解釋他的名字意思是「皇冠的保護和繼承者尼布」，或「保衛邊疆者尼布」。

29　伯沙撒國王（Belshazzar, ? - 西元前 539），是新巴比倫王國的最後一位統治者。那波尼德之子。

低，連正常標準的一半尚有所不及。我們所做的決定也是軟弱無力的，無非就是些不堅定的、糊裡糊塗的決心，這些決心中缺乏活力、缺乏堅定的意志在裡面。我們的脊背缺鈣、血液裡缺乏維他命，精神面貌中沒有足夠的希望、熱情和期待。

不知你是否曾經想過，你無法快速發達的原因，就是因為你沒有下定決心這樣做，你並不指望自己能夠發達，你並不相信自己能夠做得到。不知你可否明白，你沒有更多的活力，缺乏健壯的身體，很大程度上是因為你並不指望著一切，因為你一直在尋求其他一些東西。你並沒有期待自己能夠強壯健康。你總是在想，自己一定會患上某些疾病，你早已做好這輩子和疾病纏鬥的思想準備了。

你們這些遭受失眠困擾的人們，可否意識到你們之所以會這樣，是因為你們根本就不打算睡著，根本就不相信自己能夠睡著。當你躺在床上時，心裡在想，你今晚一定會睡不好，一定會失眠，這樣一來，你就把這個訊息發送給了你的另一個自我，你告訴自己，你無法得到充分的休息，讓自己恢復旺盛的精力，你專門告訴自己的潛意識不要睡著，這樣一來，你的潛意識就執行了它的命令。

你們這些朋友寥寥無幾、不大受歡迎的人們，之所以會沒有朋友或不合群，是因為你們根本就不打算擁有它們。你

總認為人們不喜歡你，也不指望他們喜歡你。你不期待愛、贊同、欣賞，當然，你也不會將這些東西帶給別人。所以你要牢記，別人對待你的態度，往往就是你對別人的態度。許多人感到不快樂，是因為他們從不期待快樂，相反，他們期待的是淒風苦雨。他們總是看到那些令他們不開心的事情，他們總想著自己將要碰到的不幸的事情——意外障礙、失敗、失望、痛心、打擊以及各種各樣的損失。

這並不是面對生活、面對未來的正確方法。不論眼下的情況多麼不利於你所期待的事情，我都應該朝著光明、振奮的一面去想，應該想著計畫會獲得成功。要想有所得，唯一的方法就是期待它的到來，用我們全部的智慧和精力為它努力，朝著目標奮鬥。這才是在生活中有所收穫的正確途徑。

只要你改變了自己的生活觀，你的生活就會隨之而改變，因為你面對生活的方向發生了改變。如果我們真正意識到，面向著生活中陰暗的一面將會是怎樣的一場劫難；如果我們深知，要朝著正確的方向前進、總是向著光明、成功、幸福進發，那麼，我們就不會再過著這樣廉價、狹隘、心力憔悴的生活了，我們與生俱來的聖潔注定了這一切將屬於我們。

在這個世界上，能夠以最大程度增加我們精力的，莫過於憧憬美好的未來，期待美好的事物將屬於我們，這種期待與憧憬最適用於上帝之子。在這個世界上，最能夠鼓舞人心

的，莫過於相信我們能夠以磊落的方式最後勝出，這種方式未必是金錢的堆積，而是一個人不間斷的努力與付出；莫過於相信我們能夠成功表達自己，相信能夠以最大程度挖掘自己的潛力，相信我們能夠塑造出豐富、崇高的品格，培養起良好的個性。換句話說，相信我們必定會完成上帝在創造我們之初就早已為我們做好的安排；相信我們不會將才能藏著不用，而是會不斷充實它、擴大它、完善它；相信我們會用上帝賦予我們的特質做出最了不起的事情。

這種希望與期待的哲學，也就是期待健康、期待成功與幸福、嚴格要求自己的理念所帶給我們的潛在可能性是無法估量的。如果你能夠以一種神聖樂觀的精神去面對生活，那麼，當你建造自己的夢中城堡之時，你也會將這種精神一道砌進去。你會充滿期待，這種期待會令你成為一個磁場，將一切美好的、真實的東西，將一切有幫助的、無私的東西、將一切能夠形成崇高思想和品格的東西吸引到你身邊來。你將在生活中勝出，你將會在生活中唯一的一條有價值的道路上成功地走下去，這是一條上帝指引給你的道路。

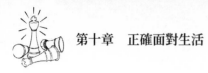

第十章　正確面對生活

第十一章
你的大腦效率如何？

從幼稚園到大學，一切教育的主要目標就是要讓孩子的大腦得到對稱、均衡的發展。

人類的大腦是造物主親手創造的精心之作，因此，開發它的潛能就成為了最困難、最棘手的一項任務。

—— 奧里森·斯威特·馬登

威廉·詹姆斯[30]教授曾說過，到目前為止，大部分人的大腦中未被使用或被錯誤使用的部分要遠大於得到了正確和高效使用的部分。

有成千上萬的人，只利用了大腦潛力的百分之二十五，就幾乎做成了他們想做的事情。如果接受訓練後，將大腦的潛能開發利用到百分之七十五甚至是百分之百，那麼，對於那些不成功的人來說，這個世上還有什麼是他們做不到的呢？

效率高的大腦是讓其官能得到全部發揮的大腦，讓整個大腦思維表現得就像是一臺經過精心調試的機器一樣靈活，大腦的每一個部分都微調到了最精確的程度，相互之間盡可能地協調配合，發揮最大的功效。如果大腦中某個部分的功能出現了問題，無法和大腦的其他部分協調一致，那麼一個

30　威廉·詹姆斯 (William James, 1842-1910)，美國心理學之父。哲學家、心理學家和教育學家。實用主義的宣導者，美國機能主義心理學派創始人之一，也是美國最早的實驗心理學家之一。1875 年，建立美國第一個心理學實驗室。1904 年當選為美國心理學會主席，1906 年當選為國家科學院院士。2006 年，詹姆斯被美國的權威期刊《大西洋月刊》評為影響美國的 100 位人物之一。

人的思想就會變得混亂或失去力量，這種情況下，人就會成為大腦機能失調的犧牲品。不論一個人在其他方面多麼優秀出色，只要他有一方面有缺陷或者欠發展，那麼，這種缺陷也足以毀掉他的整個事業。

莎士比亞筆下的哈姆雷特留給了人們難以磨滅的印象，這個角色就是這方面的最好佐證。哈姆雷特的故事是一個最大的悲劇。作為丹麥國王之子，他繼承了王位，且擁有一個異常聰明的大腦，受過良好教育。他畢業於最好的大學，文科理科成績都很優秀，這些是一個將要繼承王位的人所必須具備的東西。他具有顯著的天賦與優雅，再加上他在其他方面的成就，這一切加起來足以上他成為一個完美的男人。簡而言之，這位年輕的王子不僅僅會是一位強大的國王，而且還會是一位偉人。然而，就因為他有一個弱點，有一個部分沒有得到很好的發展，最終導致了這位具有輝煌前途的年輕人慘遭失敗，命喪黃泉。

他的父親被他的叔叔謀殺，是哈姆雷特所處時代將為父親報仇這一道德準則強加到了他的頭上，但是，他在完成自己這項職責的時候，總是那麼的躊躇、猶豫、一會兒這樣，一會兒那樣，不斷地改變主意。最終，由於他優柔寡斷的致命弱點，導致最後送命的除了他有罪的叔叔外，還有其他四個人以及他自己。

如果這位不幸的哈姆雷特王子接受過現代心理學的培訓，他一定會有一番輝煌的事業，但是，他欠缺殺伐決斷的才能，缺乏自信，最終鑄就了一場悲劇。

　　今天的失敗大軍中，有無數類似於哈姆雷特的人。這種人若不是因為大腦或性格的某一部分恰巧有所欠缺的話，或許早已在生活中取得了顯著的成就。如果他們的父母或老師幫助他們克服改正了自己的缺陷，或者等到他們稍微大一些後，自己知道了該如何加強自己的弱項，不再讓它妨礙到自己，如何注意強化大腦中有缺陷的部分，那麼，他們的大腦可能會發展得更為均衡，那麼，他們今天的事業將會有多麼大的不同啊！

　　棒球隊中只要有一個隊員技術不過關，就可能會導致整個球隊的失利，那麼，如果這個球隊輸了，最後輸掉的不僅僅是這個隊員本身，還有全隊的成員。那麼，同樣的道理也可以應用到生活的賽場上。如果負責精神的這個團隊沒有達到標準，那麼，他／她就算不會徹底失敗，也會碰到很大的問題。

　　或許你受過很好的教育，在其他許多方面都十分的優秀出色，但只要你的大腦中存在某些弱點，某些致命缺點，比如膽小、自己瞧不起自己，如果你無法百分百去相信自己，如果你缺乏勇氣，如果你過度謹慎，如果你總是處處設防，

防範之心已經大大超過了思想中其他內容，那麼，最終的結果就是你永遠也不敢去冒任何風險，永遠也不敢朝著任何不確定的方向跨出一步，那麼，你就永遠也無法獲得大的成就。如果你無法更正自己的缺陷，加強自己虛弱的環節，那麼，你極有可能會一敗塗地。

作為一個有雄心壯志的成功人士，首當其衝要做的事情之一，就是要對自己的精神資產做出正確的評估，去找出自己的弱點和強項，知道自己哪裡需要抑制和約束，哪裡需要加強和鼓勵。

要做到這一點，辦法之一就是想像自己正在出席一次大會，這種會議每隔一段時間就要舉行一次，會議的成員是全體心理因素，會議的目的是為了自己的全面發展著想。不要總是滿足於哪些表現良好的精神層面，召開這樣的會議，主要的目的是要發現問題所在，你的大腦究竟是在哪個部分存在缺陷。

意志力應該被推選為會議的主席，作用是保持會議的秩序。它能夠確保會議朝著既定的目標進行，讓精神家族中的每一個成員依次對自己的情況給出說明，並就如何能為團隊更好地工作提出建議。

第一個發表意見的是自信，真不愧是自信，他毫不猶豫，大大方方地開始了自己的發言。

他說：「就我個人看來，我認為自己絲毫沒有虛弱的跡象。我之所以能夠比其他團隊成員做得更好，主要原因就是我對自己十分自信，我不會受到懷疑和不確定因素的干擾，我能看清楚自己的目標和道路，路上碰到的困難也休想嚇倒我。我一直能讓自己保持最好的狀態，是因為我不會浪費自己的精力去擔憂，去焦慮。我也並不害怕失敗的想法，因為我對自己充滿信心。懷疑、恐懼、擔心、焦慮這些東西總徘徊在我其他兄弟姐妹的門前，將他們折磨得筋疲力盡，對他們的志向進行千般阻撓，然而我卻從來不知它們為何物。我可以毫不誇張地說，就連勇氣也得依靠我，或者說得更確切一些，我們兩個是相輔相成的。一個人若沒有了勇氣便失去了我，反之亦然。正因為如此，如果我退出，那麼整個團隊就會處在垮掉的危險當中。」

膽小，她的另外一個名字叫做「自我貶低」。她是第二個被要求起來講話的。她是如此的虛弱，如此的怯懦，幾乎是在別人的幫助下站起來的。她用微弱、顫抖、小得幾乎聽不見的聲音開始為自己找藉口，而她說的話，他的兄弟姐妹們幾乎都不太在意。

她壯著膽子，哆哆嗦嗦地說：「我懷著極大的興趣聽了自信的講話，我覺得他一直在沿著一條波瀾壯闊的道路前進，他所做的事情是我寧願死也不敢去嘗試的。我不可能進入董

事會，也不敢在公共集會上作演說，不敢擔任重要的職位，更不敢承擔繁重的任務，然而他敢，即便是將整個團隊的利益都壓在上面他也毫不退縮。當然，他也並不像我這樣臉皮薄、敏感，冷遇挫敗、譏諷嘲弄不會傷到他，也不會讓他難過上好幾天或好幾個星期。我想我就是他所說的那個弱勢的妹妹，因為如果突然有什麼指責落到我肩上，我會感到十分不舒服，我總想找人靠一靠，因為我一個人根本就站不穩。我無法想像團隊中其他成員那樣把工作做得有條不紊，最主要的原因之一，是因為我總是心存恐懼和焦慮之感，無法像他們那樣很好地展現自己。至於把我放到一個眾人矚目、顯著的位置上，這對我來說簡直無法想像，因為我喜歡躲在幕後，在人們的視線以外。我永遠也不可能成為他們所謂的『八面玲瓏』之人，因為當我處在人群當中時，我就會感到十分不自在。至於社交活動，是我所無法忍受的、會讓我感到頭痛的事情。這就是我要說的。」

　　就在膽小講述自己的時候，勇氣就早已按捺不住自己了，有好幾次他幾乎就要插話了。所以，當會議的主持剛一叫到他，他就立刻跳了起來，開始了他滔滔不絕的慷慨陳詞。

　　他的講話簡直就像機關槍一樣：「我必須說明，我實在是沒耐心聽我們這位膽小妹妹所講的懦弱之詞。聽她這麼一

說，我們至少明白了我們的團隊作為一個整體，為何會薄弱、效率不高的其中一個原因。實際上，能力較強的團隊成員所做的工作都被那些不稱職的成員拖了後腿。對於我自己，不是我誇海口，我絕對是整個精神團隊中最重要的一個因素。沒有了我，你們剩下的這些成員恐怕也做不出什麼大事情來，所以你們必須承認，我是這個團隊每一項成就的領頭人。如果我垂頭喪氣，或失去鬥志，你們中還有哪個能夠繼續前進呢？你們都知道，如果沒有我，你們便什麼也做不成。如果沒有了我，即使是我們尊貴的意志力會議主席和我們的自信大哥也會癱軟無力。如果我無法達到某個標準，我們的整個團隊就會止步不前。舉個例子，如果我們總是採納謹慎大哥的意見，那麼我們的團隊恐怕哪裡都去不了。他總是去想一些意外障礙，打出些危險信號來，總是擔心我們會碰壁。然而，我卻信奉冒險、勇往直前、披荊斬棘。就算我不時地犯錯，但是，勇於去做總是強於一直束手束腳，生怕腳下的地面會塌陷一般躊躇不前。最後獲勝的，正是那種勇於冒險的進取精神。我們這個團隊中若不是因為有了自尊、堅定、大膽和我自己，以及團隊中其他幾位比較大膽的成員，我們永遠也不可能會有任何成就。是我們讓事情不斷向前發展，而其他成員則總是在拖後腿，站在原地遲疑，害怕冒險。我們希望這個團隊中的某些隊員能夠稍微再振作一些。」

會議上接下來一個發言的是謹慎。只見他帶著自己特有的鎮靜與從容緩緩地從座位上站起，然後說了下面一番話：

　　「我們受人尊重的勇氣大哥總是喜歡將團隊中的一些弱點和失敗怪罪到我的頭上。雖然我們都欽佩勇氣的勇往直前與活力，他的樂觀自信，以及作為一個合作團隊成員，他具有的巨大價值，但是，他對自己過高的評估恕我不敢苟同。如果沒有了我的建議和約束，他隨時有可能會毀了我們整個團隊。我並不喜歡自誇或過分強調自己的重要性，但是每當想到有什麼大災難突然降臨到我們頭上，我就會感到不寒而慄。我可以毫不自傲地說，我是整個精神團隊中的平衡擺輪。生活中，若不是我不定地在有岩石、暗礁和淺灘的地方發出危險的信號，我們就難逃危險境地。我知道，勇氣、進取、精力、志向和所有勇往直前的成員們都認為我是一個老古董，太過保守，無法融入現代的、緊跟潮流的形式中去。但是他們卻沒有意識到，如果沒有我不停地警告『減速』、『小心』、『危險』、『有岩石』、『前方有巨浪』，他們將永遠也無法到達目的地。設想一下，萬一我讓勇氣、熱情或好鬥來掌舵，會發生什麼樣的事情呢？用不了多久，我們就會觸礁或擱淺，那又何必呢？」

　　好鬥幾乎無法控制自己的情緒，還沒等謹慎坐下來，他就迫不及待地開口了。

「我不同意謹慎做出的評論。」他幾乎是忿忿不平地說，「我認為做事情不應該拖拖拉拉、瞻前顧後、簡簡單單，任何事情都不可能一帆風順，沒有一點風險。我認為人活著要有膽量，要有精神，就算這些會時不時地帶給你一些麻煩。從根本上來說，我是一個鬥士，不願意總是受到約束。讓整個團隊活躍起來、讓我們都保持飽滿的精神狀態，讓生活更有樂趣，是非常必要的一件事。我們這個團隊最大的問題是有一半的成員都處於沉睡狀態，我們不但沒有緊跟潮流，還過得死氣沉沉，我們也不夠主動進取。我認為不必對每件事情都說『是的』或『阿門』。我所信奉的是批評、自由表達我的觀點、有勇氣，就算冒失一點也沒關係。最重要的是，我認為我應該為自己的權利而奮鬥。事實上，推動事物前進的，正是一個人非同尋常的沉著再加上一些粗率、一些冒失、一些莽撞等這些特質。」

好鬥講完之後，友好站起身來，做了一番評述。

只聽他平靜地說道：「我認為我們的好鬥大哥不大守紀律，很遺憾，我實在是無法同意他所表達的觀點。他所說的讓事情一直保持高調又有什麼用處呢？如果我們回顧一下去年所發生的事情，就會發現一整年中的大部分時間裡，好鬥在大多數時間一直處於麻煩當中。當我們真正需要和諧、和平之時，總是他在那裡挑起一些衝突。如果總是處在摩拳擦

掌、吹毛求疵、嗜鬥的狀態下，恐怕誰都別想把事情做好。如果我們總是喜歡戰鬥而不是工作，那麼，我們就會時刻處於戰爭當中。我們將永遠也無法培養更優秀的美德、更值得人去愛戴的特質，我們也無法做到高效率，因為只有和諧才會產生效率。我還要提醒大家，和諧是一個創造者而不協調則是一個失敗者。不論是在哪裡，一個敏感、好生氣、總處於備戰狀態、總是在懷疑、總是喜歡出擊的人不會有任何成就。在這個世界上，只有討人喜歡、善於調解、循循善誘的人才能摘得最甜美的果實，平和文雅的風度、得體的禮儀、有意取悅別人的人最終獲勝，而的大吵大鬧、尋釁滋事之人將會失敗。」

　　一個章節篇幅很有限，不可能將每個成員所說的話都羅列出來，要真的都寫出來，恐怕要一整本書才行。這裡的主要目的就是要表明，如果大腦思維中所有的因素沒有得到恰當的發展，沒能為了整個團隊的利益團結起來，那麼，在精神王國最終會產生什麼樣的混亂或無政府狀態。

　　為了更好地清點你的精神資產，你應該將所有的成員列在一個名單上，也就是說志向、勇氣、自信、謹慎、熱情、希望、友善、開朗、好鬥、自尊等等，然後仔細地分析能夠表明你團隊工作情況的各種跡象，查看一下他們是處在和諧狀態之下，還是矛盾重重之中。你或許能夠發現，你也像大

部分人那樣，大腦的一些方面過於發達，而另一些方面則欠缺發展。

　　每個人類所追求的最高目標，就是能夠徹底將上帝賦予自己的潛在的能力展示出來。為了達到這一目的，不論是身體上還是精神上再或者是道德上的每一個成員、每一項官能，都必須各司其職，發揮團隊精神，朝著唯一的共同目標——作為一個整體獲得最大的成功而進發。任何以自我為中心，不顧其他成員的利益極力表現自己的野心都有害於團隊最終想要的目標。也就是說，如果任何一個精神因素企圖主導某件事情，或者獨當一面，他必然會毀掉整個團隊。

　　假設你在做自我檢查時，發現謹慎有點發展過頭，並且已經影響到了其他的成員，你就必須要對他加以控制和約束，糾正這種趨勢，否則，他會讓你的整個事業毀於一旦。如果一個人過著平庸、碌碌無為的生活，那麼相對而言，過分的謹慎要比其他的性格缺陷更應該對此負很大的責任。我認識許多過度謹慎的人。他們中有一些人具有卓越的能力，但他們在步入中年之時卻仍然在別人的手下工作，收入也相對較少。他們或許也有自己的獨立的事業，但是卻從來不敢靠自己的力量將其進一步擴展。他們覺得風險似乎太大，他們不敢抓住機遇，即便是成功的可能性很大。他們過分的謹慎制約了自己更優秀的能力，讓它們難以發展。

所以說，謹慎注定就是整個團隊中的勒馬韁繩，但是，如果這根韁繩勒得太緊，那麼，他就會影響到整個團隊的前進，無法到達既定的目的地。它應該是一根讓馬兒跑得更穩健的韁繩，而不是妨礙它在比賽中獲勝的韁繩。跑的最快的馬兒或許會因為韁繩的緣故輸掉比賽，所以一個聰明的賽馬者應該能夠十分準確地掌控韁繩，既不能太緊也不能太鬆。具有均衡的謹慎心理的賽馬者才是真正聰明的騎士。

　　如果你將分析謹慎的方式同樣應用到對其他的精神層面的分析中，你就會發現你的精神團隊問題到底出在哪裡，你就能糾正那些阻礙你、讓你無法前進的缺陷，或許你就能竭盡全力向前跨上一大步。

　　比如說，你在效率方面表現得如何呢？效率在很大程度上取決於自信，而其他一些心理因素，比方說志向和熱情相對而言就較為獨立一些。或許你的志向占了百分之九十，或許你對取得進步有巨大的激情和狂熱，以及不可抗拒的欲望，但是，你卻缺乏意志力。或許你投入了百分之百的勤奮、堅持、專注和精力，然而卻仍然沒能達到自己理想中的成功，原因就在於你過分膽小，它會在你躍躍欲試的時刻拖住你，讓你無法有所突破。沿著這個思路往下走，根據自己的強項和弱項評估自己，你會為自己的發現而感動吃驚，你會更加清楚地認識到自己的性格特徵，你會比以往任何時候

都清楚地看到，你的成功與失敗全部都掌握在你自己的手中。如果你對自己精神世界中的每一位成員都瞭若指掌了，如果你根據他們中每一個的優勢和弱勢來畫一個圖表，那麼，你就可以根據自己的需求刻意地加強這一個或控制那一個，一切決定權都在你手裡。真正全面、均衡的成功只需努力做好一件事 —— 按照正確的方式，踏踏實實地從體力與腦力兩方面打造自己。

　　大多數人所面臨的最大的問題就是我們對自己太過放鬆了。我們並沒有打起精神來好好工作，而是寵著我們自己，同情自己，總是為我們沒有成功尋找這樣或那樣的藉口。我們總是責怪不該責怪的，而應該責怪的卻沒有責怪。我們不願承認「自己不善於發揮，我們是自己弱點的走卒」，堅強起來，戰勝弱點對我們而言是一件困難而且麻煩的事情。對於我們這些世俗之輩而言，循著自己思想中強勢的方面做事情要容易得多，也更容易讓人產生滿足感。我們個性特點中的強項帶給我們驕傲自豪的感覺，因此我們無形中進一步加強了這一方面，而忽略了其他方面。

　　如果你對自己不誠實，如果你胸無大志，沒有足夠的精力和意志力來改正自己的錯誤、來戰勝自己薄弱的意志力、讓自己不再走下坡路或過著毫無價值的生活，那麼，一切後果必然要你自己來承擔。你是整個精神團隊的總指揮，你訓

練各種個人才能的方式、以及你掌管控制它們的方式決定了你在生活的賽場上究竟是一名勝利者還是一個失敗者。

第十一章　你的大腦效率如何？

第十二章
將問題埋藏起來

愤怒與焦慮有如回音，沒有我們的呼喚，它們絕不會出現，我們呼喚的聲音越大，得到的回音也越大。我們無法收回自己的回音，只能隨它去，它會漸漸自行消失。

—— 賀瑞斯・弗萊徹[31]

力量源於振奮中，希望寓於飽滿的工作熱情裡。而沮喪則驅散靈感，讓人一蹶不振。

—— 愛默生

一戰期間，法國人民讓我們認識了一個新詞彙，這個詞在當時非常流行，很快就家喻戶曉了，這個詞就是「偽裝」。

如果法國人想要將大炮、魚雷、坦克、機關槍，以及任何用於戰爭的殺傷性武器藏匿起來，或者不想被敵人的雷達探測器觀察到，他們就會在上面覆蓋一層樹葉或其他一些看起來無關緊要的東西，給敵人造成一種正好相反的假像。

有的人也用同樣的方法將自己的問題隱藏起來。

在戰爭初期，雖然經濟已經開始出現了蕭條的信號，一場普遍的危機已初露端倪，人們的恐慌情緒也在不斷增加，然而，我的一個朋友，就在他的業務受到了嚴重影響的情況下，卻從來沒有陰沉著臉，從來沒有失去過振奮與信心。每

31　賀瑞斯・弗萊徹（Horace Fletcher，1849-1919），美國健康飲食專家、作家和心理學家。宣導健康飲食理念和精緻生活習慣，即吞咽食物前，最好咀嚼 100 次；生氣和沮喪時盡量不要進食等。代表作：《營養 A-Z》、《快樂＝事前準備 - 臨時應對》等。

當我問起他，事情的進展如何時，他就會回答，「哦，好極了，每件事情都很順利。當然我們的業務是大不如從前，但是，我們這裡再窮的人也遠遠強過戰區那些可憐的人們，我們應該為自己的滿腹牢騷而感到羞愧。每天我都為自己能夠活著，我還擁有我的家庭、我的住房，這一切都安然無恙而感到慶幸。」

在我認識他的這麼多年來，我從未聽他對任何事情咕噥或抱怨過一聲，就算是對大家最喜歡掛在嘴邊的天氣也如此。不論天氣多麼糟糕，他都能找到好的一面，如果是下雪天，他會認為有益於土壤；如果是下雨天，他會認為草地和莊稼需要雨水，雨水清洗著街道，讓空氣更為清新。

如果你遇到他，無論他多麼忙碌，他也會停下來，抓著你的手對你說：「很高興見到你」。他的語氣是那麼的熱情友善，你能夠透過他的話感覺到他的心。有時，我會在早晨的火車上碰到他，他的笑容能夠讓我在一整天裡保持愉快的心情。每一天，他都能看到希望和機會，他陽光、樂觀的態度散發著親切與活力，讓他無論走到哪裡都十分受歡迎。

我還認識另外一個人，我們也經常碰面，然而，他們兩個人的性格卻截然相反。前幾天，我剛碰到他，我問他說：「布蘭克先生，生意怎麼樣啊？」他回答道：「唉，糟糕透頂。業務死氣沉沉，看樣子是不行了，沒事情可做了，情況一天不如一天，我唯一能做的事情就是關掉一個工廠，而且其他

工廠的情況也隨時有可能出現告急。我做了一輩子生意，從來沒碰到過這種事情，勞資糾紛把整個美國搞得烏煙瘴氣，真是太糟糕，太糟糕了！」

布蘭克先生總是在喋喋不休，天氣似乎也總是和他作對，時間似乎也總是脫節，他總是講述一些運氣不好的賠錢生意，他永遠處在麻煩當中。如果生意沒有每況愈下（通常他的生意總是一天不如一天），那麼，他的家庭生活就會出現問題。他的兒子沒有多大出息，他擔心女兒會糊裡糊塗嫁人，總之，不是這裡不對就是那裡有問題。

從經濟方面來看，這兩個人沒有太大差別，但是，如果說到幸福和生活中大多數的快樂事情之時，一個便成為了破產的人，而另一個則是百萬富翁。區別就在於他們兩個人的心態不同，也就是對待自己的問題與困惑的態度不同。

第一個人採取了一種將問題掩藏起來的態度，他對待每一個困難，每一件惱人的事情就好像牡蠣對待落入自己殼內的沙粒一樣，既然無法驅除，倒不如努力把它變得讓自己能夠適應，於是，沙粒變成了珍珠，是它將沙礫變成了一顆美麗的珠寶。這個人不僅能夠在有麻煩的情況之下快樂的生活，而且還將麻煩變成了優勢，因為他從中不斷吸取到了教訓，獲得了力量，美化了自己的人格。

困難對待我們每個人都是一樣的，對他也不例外。每當

困難找到他時，他就會說：「就像我們曾經擺脫其他更大的困境一樣，我們一定會走出這個局面。事情不會總是那麼糟糕，不管怎樣，我們應該感謝的東西總是比應該抱怨的東西要多，眼睛只盯著事情不好的一面，而忽略了事情好的一面，這其實並不是一件好事。」如果出現了經濟或經營方面的問題，他會滿懷希望地說：「只要我們能吃飽穿暖，有一個舒適的地方睡覺，那麼，少賺一點錢又有什麼關係呢？多餘的東西我們其實並不需要。健康以及能夠有機會盡自己最大的努力要比金錢更有意義。我們應該為生活在一片自由和充滿機會的土地上而心懷感激。」

布蘭克先生也有許多應該感到高興的事情。他有一個美麗而迷人的妻子，孩子們個個都聰明漂亮，還有一個理想的家。他並不是百萬富翁，但也十分富足，而且他的健康狀況也很好。然而，他卻從來沒有真正感到快樂和滿足。每當遇到嚴重挫折時，他就會全盤崩潰。每當他碰到令他感到失望的事情時，或者是碰上什麼棘手事情時，他就會十分沮喪和難過，不了解他的人會以為他失去了一切。如果他的生意上有點不順利，如果他失去了一個原本應該屬於他的訂單，如果他信任的雇員離開他或者將要離開，他都會感到十分難過，這種難過一直要持續到事情再度好轉為止。實際上，只要他的生活或者生意上出現了哪怕一點點問題或不協調，他

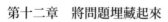

的日子就會很不舒坦。哪怕天空中有那麼一小片雲，他也會覺得生活不快樂。

如果這個人能夠不時地坐下來，尤其是當他為一些出了問題的雞毛蒜皮之事大驚小怪時，如果這個時候他能夠想一想生活中美好的事情，如果他不再抱怨自己的運氣，努力地用感激的心情去想想自己的妻子，自己的孩子，自己幸福快樂的家庭，自己良好的健康，那麼，他眼中偶然出現的那片遮住了陽光的烏雲很快也就會消失。但是，在他眼裡似乎只有烏雲，他永遠看不到烏雲後面還有浩渺的宇宙。他生活中的陽光就被一小片烏雲全部封鎖了，這個時候，他感覺四周一片黑暗，一片陰沉，充滿失望。

凡是淪為自己情緒的犧牲品的人，凡是被或大或小的、發生在自己身上的不幸所擊敗的人，凡是經不起失望、失敗、損失影響的人，凡是無法承受生活中的考驗和磨難、痛苦和打擊的人，也就是說無法戰勝這些事情，反而被這些事情戰勝的人，永遠也不可能成為創造歷史的人。他不是那種在困難或關鍵時刻，能夠委以重任的人，他不會是一個受歡迎的人，一個足智多謀的人，一個有強大精神力量與思想力量的人。

佛家曰：普天之下，唯能捨者，方成大器。字典中對「捨」一詞的標準解釋是 ——「思想和情緒保持平穩，精神

上保持鎮靜，尤其是當一個人身處考驗時刻仍然能夠鎮靜自若，穩如泰山，正所謂具有處事不驚的風範。」

你是否已經完全體悟到在各種情形之下處變不驚的真諦所在？你日常生活中所面對的各種壓力給你的發展帶來了什麼？你能否駕馭多得數不清的煩惱和困擾的體會，很好地控制失望情緒以及不斷出現在你生活道路上的煩心瑣事？你是否能夠超越這一切，將它們僅僅看作是日常生活中的過眼雲煙，還是在它們的影響之下感到心酸痛苦？

在遇到不幸的時候，你是否會萎靡不振失去信心，還是能夠坦然豁達地去面對？在突發狀況面前，或者當你突然和風險面對面時，你會不知所措呢，還是會鎮定自若，保持應有的姿態與平衡，根據自己的判斷力，沒有絲毫的手忙腳亂，冷靜地對付眼下的情形？

能夠有一個平和、良好的心態，能夠處變不驚、沉著自如地迎接大大小小的考驗是一個人最大的成就。它意味著自控、意味著一個人性格中具有在逆境中取勝的穩健與力量。一個平衡、沉著的靈魂永遠不可能成為恐懼、擔憂、焦慮的犧牲品，它並不受情欲的控制也不會受制於心情或情緒。他不會因一些凡人的瑣事而消沉痛苦，更不會讓這種情緒影響到自己的工作，讓自己的心態失去平衡，他並不像有些人那樣，周圍的環境只要有一點風吹草動，就會大發感慨。能夠

掌控自己的人就是能夠掌握命運的人，這樣的人早已經為自己的生活設定好了航程，他的手永遠也不會離開船舵，風暴、大霧、颶風、冰山、看不見的危險、難以預料的事故，不論航程中會發生什麼，他都做好了充分的準備。他十分清楚，在人生的航程中面對危機的時刻，他最需要的就是清晰的思路與冷靜的頭腦，也正是這種意識才使他能夠保持冷靜與沉重。他明白，要盡最大的努力靠自己的力量過好每一天，從不猶豫，永不退縮。他知道，雖然有的時候他可能會被迫偏離航線，但他永遠不會迷失方向，很快又會回到真正的航線上來，堅定不移地駛向最終的目標。

至於何時到達，如何到達，他並不關心，因為沒有哪個人的未來是能夠百分之百確定的。上帝總是不斷給人以新的開端、新的自我認識、新的機會，但是卻從不讓人們看到最終的結果。能夠肯定自己的最終結果對一個人的力量與自信並沒有太大的幫助，相反，它會讓人變得淡漠與薄弱。一個人的沉著自信並非來自外部的肯定與保證，而是在不斷努力做到最好，實現自己看不到的最高理想的過程中，不斷培養起來的內在力量和自控能力。

如果我們能夠擺脫焦慮、煩惱、各種干擾，以及日復一日讓我們感到厭惡、惱怒的事情，如果我們也能夠擺脫那些大大小小的、讓我們的志向倍受打擊的事情，比如說失敗、

失望、痛心、愚蠢的錯誤、倒退等總是讓我們犯錯、消沉的因素，那麼，我們大多數人都會認為自己能夠做出一番事業來。然而，能夠說明我們究竟能有多大能耐的真正考驗，是要看我們是否有做得更好的主觀意願，是否能夠克服各種明顯的阻撓，出色地完成自己的生命計畫，是否能夠戰勝那些不斷困擾一個人志向的不良因素。

你是否會放棄，會無精打采地無所事事，或者哭哭啼啼，整天拉長著臉，讓所有人都覺得，你的生活中一定是天塌下來了；你是否會擺出一副投降者的架勢，讓周圍的每個人都知道你失敗了，由於種種原因，你未能完成自己計畫中的事情，這些事情阻撓了你、打破了你的平衡、嚴重影響到了你的效率；你是否允許自己無法適應各種麻煩和考驗，以及任何事業當中都不可避免的小小的煩惱與挫折，從而失去鬥志？你是否允許失望、失敗和焦慮就此耗盡你的活力，讓你無法實現自己最大的價值？你是否會成為麻煩和考驗的犧牲品？你是否願意承認自己是一個弱者，一個在思想上缺乏力度與深度的人，承認你神聖的力量十分有限，總是被你原本需要戰勝的事情所戰勝。

如果你希望自己在最大程度上創造生活，那麼，你趁早就得學會接受痛苦與壓力，不論這種壓力與痛苦多麼令人不愉快。你不但要接受，而且還要面帶微笑而不是皺著眉頭去

接受。換句話說，你必須具備平和心態所必需的優雅、力量與安全感。

最好的汽車都具有一種被稱為減震器的東西，人們製造減震器就是要透過它的氣墊來緩衝高速運動可能會引發的劇烈衝擊和震盪，以便保護車內的駕駛人員。減震器能夠讓駕駛員在道路顛簸或路障重重的情況下感覺更平穩舒適。

這個例子能夠很好地解釋平和的心態對你所產生的作用。它對於我們每個人來說都很重要，因為它決定著我們在生命的旅途中，是經不住顛簸而散架呢，還是我們在精神緩衝器的保護之下，就算行駛在亂石山崗之上，也會有如履平地般的感覺。沉著自信、心態平衡都屬於這類緩衝器。

當愛默生在康科特的家庭圖書館被一把火燒毀之時，他的好朋友路易莎·M. 奧爾科特 [32] 急忙前來探望他，並對他失去了自己最珍貴的財產 —— 書籍而深表同情，然而她卻發現他沉著而鎮靜地看著火焰吞噬了他的無價之寶，許多的書卷上面都有世界上最偉大的作家的親筆簽名。雖然這種損失必定令他心如刀割，但是他仍然表現得如同坐在圖書館裡讀書一樣冷靜。他甚至能夠找出一些理由來欣賞這場火。

他對自己這位富有同情心的朋友說道：「別擔心，路易

---

32 路易莎·M. 奧爾科特 (Louisa May Alcott, 1832-1888)，美國作家、詩人。她出生在賓夕法尼亞州的日爾曼敦，但她的一生卻是在靠近麻塞諸塞州的康科特城度過的。她自小受當作家和教師的父親的影響。在父親的薰陶下，她很早就對寫作產生了興趣。代表作：《小婦人》、《小男人》和《喬的男孩子們》等。

莎，你看火焰多美啊，我們應該欣賞一下才對。」

奧爾科特小姐說，她永遠也忘不掉那一課，從此以後她學會了在如何在失望和損失當中尋找美麗和有幫助的東西。

無論處在多麼大的起起落落中，一顆平靜的靈魂都會坦然接受，保持穩健與平和，絕不會動搖自己的信念。

幾年前，當愛迪生位於新澤西州西奧蘭治的價值七百萬美元的工廠被燒成瓦礫之時，他幾乎失去了一切，但他向世人展示了一個男人是如何輸得起自己一生奮鬥得來的成果的。他沒有一句抱怨遺憾之詞，就在六十七歲的時候又從頭來過。

當記者們親眼目睹大火將工廠毀於一旦時，愛迪生對他們說：「小夥子們，現在我的確是全完了。但我會從明天起重新開始，我會立刻重新開始建起一座工廠，這只是暫時的挫折，我們只需要接受教訓即可。」他還饒有興致地引用了吉卜林[33]的一首名詩〈若〉──

「若　你已成就斐然
仍勇於將畢生心血　孤注一擲
輸掉一切　然後從頭再來

33　約瑟夫·魯德亞德·吉卜林（Joseph Rudyard Kipling, 1865-1936），英國小說家、詩人。代表作：詩集《營房謠》、《七海》，小說集《生命的阻力》和動物故事《叢林之書》等。1907 年吉卜林憑藉作品《基姆》獲諾貝爾文學獎，當時年僅 42 歲，是至今為止最年輕的諾貝爾文學獎得主。獲獎理由：「這位世界名作家的作品以觀察入微、想像獨特、氣概雄渾、敘述卓越見長」。

> 　而面對損失　你一言不發
> 　那麼，這個世界　和世界上的一切
> 　都是你的
> 　孩子啊　更為重要的是
> 　你將成為一個真正的　男子漢」

　　如果這世上的每一個普通人在面對考驗與損失的時候，都能夠像愛默生和愛迪生那般坦然，他們一定會比現在更快樂、更成功。他們定然不會徒勞地將力量和精力浪費在毫無用處的擔憂與焦慮中，也不會讓自己原本旺盛的，能做成好多事情的精力流失在各種各樣百害而無一利的事情上，比如說生氣、發脾氣。

　　舉個例子，那些因為雞毛蒜皮的小事情發脾氣，動不動就跳起來的人並沒有意識到他們這樣做會給大腦結構帶來什麼樣的損害。他們不知道這樣做會消耗精力，會讓自己的力量短路，會侵害到自己構造精緻的大腦與神經，因此會給一個人原本超凡的能力帶來幾乎無可修復的損傷。

　　我認識一個人，他在其他方面的特質都很優秀，但是卻有一個缺點，他的脾氣大得嚇人。這一點常常在很大程度上削弱了他精神和身體上的能力。有時候，就算他正處在很好的心情中，然而如果一個朋友不小心說了一句話，觸動了他某個弱點，他立刻就會暴跳如雷。他怒不可遏的樣子簡直就

像是一個瘋子，當他正在氣頭上的時候，什麼難聽的、有侮辱性的話他都說得出口。他在家裡對待他的孩子和妻子也是這樣，如此一來，他家裡的人感覺就像是坐在火山口上一樣忐忑不安，因為誰也不知道他什麼時候會爆發。這個人頻頻發怒，他浪費於此的力氣要遠大於他用在日常工作上的精力。

如果一個人總是把精力浪費在這些方面，那麼，他所浪費掉的不僅僅是他的活力和精力，而且還有他的自我尊重、良好的判斷力、良好的理性、甚至還有一些好朋友、客戶、工作。凡是知道他駕馭不了自己脾氣的人都不會尊重他，自控能力良好的人所擁有的聲望永遠不會屬於他，實際上，他的沉著與冷靜早已隨著自己心態的失衡而消失殆盡。

每當你的情緒處於不良的亢奮狀態時，比如說當你因為一些瑣碎之事、無足掛齒的煩惱而崩潰之時；當你傾向於壓抑、憂傷、精神憂鬱之時；當你眼紅、嫉妒、充滿復仇心理時，你就已經不是你自己了，你已經失去了最珍貴的精神和身體力量，你已經失去了創造力，你的思想已變得消極、失衡、不再協調，任何一個頭腦正常的人都不會以這種方式去自己損害自己。

不知你是否意識到，不加以克制地沉浸在傷感的情緒中，經常性地向消沉、失望、憂鬱的情緒妥協是一種在生活

的戰場上吃敗仗的信號，說明這個人沒有足夠的能力來統領自己的精神大軍取得勝利。朋友們，不知你們是否想過，當你最需要充足的睡眠來保證工作效率時，而你卻整晚上躺在床上睡不著，不停地想著生意上的事情，這時候的你其實就是在承認自己缺乏經營生意的能力，你無法勝任自己的工作。你願意承認自己無法駕馭自己嗎？你願意看著別人不斷征服，而自己卻不時地向困難、障礙、考驗投降嗎？

如果有人告訴你，你沒有足夠的力量去解決一些大問題，這些問題要留給更有能力的人，你是否會有一種受侮辱的感覺？但是話又說回來，如果你讓日常生活中一些常見的煩惱，或每個人都難免會碰到的考驗、痛苦破壞了自己平和的心態，破壞了自己的鎮靜自若；如果你允許一些小小的煩惱和憂慮破壞你生活中的協調，在你的家庭生活中、工作中、或社會交往中產生長期的摩擦，那麼，別人對你的評價恐怕就是真的了。你若是向這些事情低頭妥協，就等於你沒有足夠的能力控制它們，你就是在用行動表明，這些事情戰勝了你，你被它們挫敗了。

許多人的性格中都有這麼一個特點，如果他們的思想中滿是問題，有許多尚未解決的問題和困難，他們就無法很好地工作，也就是說，你還沒有學會該如何對焦慮與煩惱釋懷。如果家裡有誰生病了，如果碰到了經濟上的困難，錢不

夠花了，他們常常就會在士氣上徹底垮掉，無法集中精力做好他們的工作，完成好自己的職責，因此，他們的力量也受到了嚴重的影響，導致的結果就是他們的生活大大受到了影響。他們總是期盼著沒有任何麻煩，不會有任何事情打擾他們的時候，但是，生活中風平浪靜或處在保護傘下的情形少之又少，如果他們學不會如何用淡定的態度對待生活中一切煩惱的話，這一時刻將永遠不會到來。

成功的生活，幸福的生活並非意味著沒有考驗、苦難、辛勞與不幸的生活，沒有誰能夠避開這一切。真正幸福成功的生活是泰然處之的生活，是能夠超越生活中一切打擊、消沉和挫折，頑強取得勝利的人。真正的強者會在困境中艱難跋涉，昂起頭面向著自己的目標，不論前方有什麼困難，因為他知道，他的任務就是繼續前進，不斷前進。他不會心情鬱悶，也不會失去勇氣，更不會徘徊不前，抱怨、哀嘆自己碰到的麻煩。他做事的方式是用一顆勇敢的心去奮鬥，即使這顆心在流血。

縱然海面上疾風驟雨，驚濤駭浪，可大海的深處仍然平靜而沉默。懂得自控的人，不做膚淺之事的人，有一定深度的人，他們的內心是平靜的，平靜的心總能夠聽到上帝的聲音，總能夠學到生活中重要的原則，生活中有再大的風暴 —— 無論是家庭的、經濟上的、社會上的還是宗教等等

方面的，這樣的人能夠禁得住，而這一切往往能夠毀掉許許多多的人的生活，讓他們遭受痛苦與不幸。在他們的內心深處，總能夠找到一直能夠神聖而堅定的力量，這種力量讓他們即使在表面颶風肆虐的情形下照樣能保持內心的鎮靜與沉著。

如果你希望成為自己情欲與情緒的主人而不是淪為它們的奴隸，如果你想要成為困難的征服者而不是被困難征服，那麼，每天清晨醒來後或每天晚上入睡前，你都需要潛下心來，進入自己最平靜的內心深處，在白天的時候也盡可能經常這樣做，並且心平氣和地和自己交談。

舉個例子，你不妨這樣說：「我是上帝按照自己的形象創造出來的，上帝和我在一起，並將祂神聖的一切賦予我，他的和諧、鎮靜、力量以及寧靜。但是，我只有主動地發展這些力量，才能真正擁有這些力量。我能夠控制自己的大腦、脾氣和情緒，我是無限力量的宇宙的一個部分，所以，除了我自己外，什麼都無法傷到我，擾亂我平靜的心緒。我是永恆的、神聖的，我絕不允許自己的生活反覆無常，也不允許一些日常瑣事與煩惱打破我的平靜，奪走我的和諧，將我與上帝隔絕開來。一條真理會整天伴隨著我，它便是『壓制怒火的人才是最有力量的人，統治好自己的精神勝於統治好一座城市。』我是有力量的人，我是冷靜的人，我能掌控自己

和自己的情欲。只要我與上帝緊密相連，任何事情都不會引發我的憤怒、憎恨、眼紅、嫉妒或其他一些不悅之情。我不會再為任何事情擔憂焦慮，因為上帝將眷顧我，即使是我生活中的小事情也將如此。今天，任何事情都無法將我與創造我，並不斷支持我的力量分割開來。」

要用積極的態度對待你的這一番陳述，相信你所說的一切，用你的全部力量和絕對的自信向世界宣稱自己的信念，猶豫不定的、軟弱無力的宣言或決心都只不過是在白白浪費氣力，它只能讓人在與自己的情欲或問題奮戰時，力量越來越薄弱。

有的人透過告誡自己，或對自己直呼其名來不斷提醒自己，這種方法也能產生很好的效果。

方法如下：閉上眼睛在腦海裡想像另一個你，也就是那個具有神聖力量的自我就站在你面前，然後用盡可能真誠的語言對自己說：「約翰（或者其他名字），你來到這個世界上就是要透過你的生命或工作來實現你人生的價值，讓你成為一個最大程度上發揮自己能力的人。為了完成這一任務，你需要將自己全部的力量和精力都投入其中。你絕不可以輕易揮霍自己的精力，或將自己生命的力量浪費在為一些不足掛齒的小事情或瑣碎之事大發雷霆上，因為這些事情都不足以讓一個沉穩的人為之動容。因為一些雞毛蒜皮的事情不高興

有失男子漢的尊嚴。你是上帝之子，有能力擺脫任何煩惱帶來的影響，看淡一切失望。在不斷變化的生活中，你並不是一個無助的弱者，你個人的晴雨表也無需跟著周圍環境的冷暖變換而變化。你的思想是如此的平和與鎮靜，因為你深知自己和上帝的同一性，和祂的永恆的力量源泉的同一性，因此，任何事物都無法打破它的平衡，什麼都無法奪走你的鎮靜。」

最能夠給靈魂以支持的莫過於銘記上帝與我們同在，思想上抱有一種態度，認為任何東西都無法將我們與神聖的力量相分割，每當生活中出現疾風暴雨之時，祂都會在我們身後支援我們。這便是能夠塑造一個人個性的深度與廣度、能夠讓人超越自我的東西。它能夠讓人默默忍受一切苦難和痛苦，鼓勵一個人勇挑重擔，而不是動輒失去信心。

這種在日常生活中一切事情都與上帝緊密結合、密切合作的感覺，讓生活中無數件原本令人煩惱、頭痛的事情不再那麼折磨人。它讓你學會對待他人寬厚仁慈，容忍他人的缺點，不要動不動就想要去抱怨、批評、譴責他人，因為我們都知道，世間所有的生命都源於同一個地方，都是美好的，他們都屬於上帝。

孩子從小就應該接受訓練，學會如何正確對待每一件事情，學會控制自己，用平和的心對待生活中的挫折與不快。

我們應當教會他們，讓他們明白，雖然我們無法避開生活中發生的一些麻煩事情，但是，我們可以調節自己的心態，用無私、耐心、歡快的心境，發展自己的博愛精神來支持自己，緩解自己性格中情緒波動大、易受傷害的部分。

在我們每個人的內心深處都潛藏著一種力量，那是一種神聖的力量。如果我們知道該如何利用它，如果我們從孩童時期開始就習慣於利用它為我們療傷，那麼，任何不良心態和再大的困難障礙都將無法影響到我們，任何憂鬱、沮喪、痛苦、失落的負面情緒都將遠離我們。

我認識一個婦女，她幾乎經歷了人世間的一切苦難。她失去了房子，失去了丈夫，失去了家人和財產，然而，她卻一直保持著非同尋常的平靜，彷彿這一切全然沒有發生。損失、失敗甚至死亡都無力在她臉上留下任何遭受苦難的痕跡。她早已看淡一切苦難、一切恐懼、一切憂傷，以及生活中的一切浩劫與磨難。我從未聽說過她有過任何不平靜的時刻，她堅信有一種神聖的力量在支配著她的生活，所以，她一直以來都是那麼的振奮、充滿希望，同情他人，樂於助人。

寫到這裡，我還想起了另外一個沉穩的人，她是一位老婦人，她個人一生中所經歷的苦難與挫折就足夠讓十幾個承受能力差、無法從生活中不可避免的不幸中自拔的婦女痛不

欲生。許多年來，我就這麼看著她平靜地迎接著生活的種種考驗與不幸，不斷地與貧窮奮戰，帶領著自己的家人與各種困難奮戰，然而我卻從未看到過她發脾氣或在困難面前氣餒。她具有一種不以物喜不以己悲的心態，這種超然的心態讓她坦然面對生活中的普通事故和大風大浪。她的精神似乎總處在某種高度，任何不協調與風暴都無法觸及這一高度，她良好的脾氣涵養，她的勇氣與鎮靜，她一成不變的耐心都讓所有認識她的人感到吃驚。

如果我們在思想中能夠反應過來，一切焦慮不安，一切杞人憂天之事都不會給你帶來一丁點好處，只能帶來傷害，那麼，我們為何還要沒完沒了地沉浸在這種事情當中呢？

我們應該想一想，如果帶著思想負擔和失望去工作，我們無形中要多花費多少精力才能做好自己的工作，如果我們能夠把這些在焦慮和生氣中白白丟失的精力用在自己的工作中，那該多好啊！

我們能夠為自己做的最大的一件事情，就是下決心能夠在有麻煩的情況下仍然快樂地生活，在令人煩惱的、困難重重的情況下將事情做到最好。正因為我們無法時刻處於理想的狀態之下，所以，要想增加獲得幸福和成功的機會，我們所能做的唯一的事情就是下定決心不讓自己的志向受到阻撓，不讓自己的生活變得淒風苦雨，亂了方寸。如果我們能

夠不時地提醒自己，凡是歷史上最偉大的人物，在從事自己偉大事業的時候，都經歷或遭遇了各種阻力和令人絕望的困難；在各行各業中都有許多爬到了頂端，成就斐然的人們，他們無不是在貧窮、嚴重的家庭糾紛或事業上處於低谷，比如說糟糕的地理位置、艱難、恐慌、失敗、失望以及被信任的人出賣的情況下，仍然保持鎮靜與勇氣，毫不氣餒地奮鬥著。

唯一正確的，能夠讓我們獲得滿足感、取得成功的生活哲學就是學會在生活中與各種麻煩和平共處，積極地去生活，努力做好每一件事情，時刻用開朗的情緒去面對世界。一個人如果不具備這樣的生活哲學，就會不斷地被一些無用且無益的事情所傷，這樣一來，他就會無異於一頭困獸，不停地用自己的頭去撞籠子的鐵條，徒勞無功卻傷到了自己。

功率最大的天文觀察站總是建在高高的山頂之上，這樣才能確保用來觀察天體的望遠鏡更加清晰，不會受到灰沙、塵土、薄靄、大霧等低空懸浮物的干擾。要想與不斷分散我們注意力的世俗嘈雜之聲相隔絕，要想讓我們原本就很辛苦的日常生活不受各種煩惱之事、各種令我們扭曲、變形之事的干擾，我們有必要將思想境界和情感境界提升到一定的高度，只有到達了一定的高度，我們才能呼吸到更為潔淨、更令我們神清氣爽的空氣，同時，我們也會距離神聖的天堂更進一步。

上帝所創造的人類應該有足夠的能力超越那些微不足道的煩惱瑣事，那些無足掛齒的疼與痛，以及生活中的種種失望。在實現偉大生活目標的過程中，我們應該全神貫注，全力以赴朝著自己的目標前進，這樣一來，我們就不會因為一些膚淺、薄弱的小煩惱而打破我們的平衡或干擾到我們的生活。

當一個人的自我控制逐漸形成一種習慣時，他便能夠對每一天的喧囂、嘈雜充耳不聞，生活中那些不協調的東西對他而言就成為了遙遠的回音，再不會影響到他，打擾到他。如果一個人保持冷靜的修為到達了一個忘我的境界，它已經成為了他生命的一個部分，他的一舉一動都能將這種鎮靜體現出來，那麼，他就已經練就百毒不侵的功夫了。

人的一生中總有一些重大的時刻，這便是我們與嚴峻的考驗面對面的時刻。當一個人的理想或生活或工作在剎那間分崩瓦解，或者是眼看就要崩潰的時候，他應該知道如何做到勇敢。那麼，他就可以冷靜地在胸前雙臂交叉，面無懼色，毫不頹廢地冷眼看待眼前發生的一切，即使他失去的是傾注了全部心血的東西，他也會像愛迪生那樣，用一顆勇敢的心和毫不顫抖的聲音大聲說：「沒關係，明天我將從頭來過。」

第十三章
中年勝出

> 成功與年齡無關，卻和自信有關。在生活中勝出的前
> 提，是我們必須相信自己有能力獲勝。
>
> —— 奧里森·斯威特·馬登

　　有一天，一位五十歲左右、相貌平平的女士打電話給我，向我尋求幫助。幾年之前，這個婦女所服務的出版社破產了，她因此也失去了一個很不錯的工作，從那以後，她再也沒能找到一個固定的工作。一直以來，她就靠斷斷續續在一些出版社的臨時職缺工作過日子，這也是她能做到的最好的事情了。然而，她卻精力旺盛，而且有著極強的工作能力。

　　那麼，為什麼她尋求了這麼久，仍然沒有得到一個固定的工作呢？是因為她的年齡關係嗎？不，是因為她失去了勇氣。

　　當她失去原來的工作後，她從一開始就認為自己的年齡是一個障礙，所以，當她應徵一個新的工作之時，她並沒有表現出應有的那份自信，那種勝利和力量感，而這種感覺恰恰是要想留給他人一個自信的印象所不可或缺的東西。是內心的擔憂讓她畏手畏腳、猶豫不決，因此而招致失敗。每失敗一次，就會更進一步打擊她的勇氣，當她被拒絕數次之後，便開始相信自己機會渺茫，她這種缺乏自信不僅能從面部表情上看出來，而且還體現在她的整個舉止、行為方式

中。她的心態已經不再是一個征服者，而是一個被征服者，她已無法留給雇主一個有利於自己的好印象，而只能留給對方一個消極、不確定的印象，再加上她的年齡因素，如此一來，雖然她在各個方面都非常適合她所申請的工作，但最終還是導致雇主做出了不利於她的決定。

那麼，這位婦女的失敗還有什麼稀奇的呢？老闆只不過是不願雇傭一個看起來失去了鬥志和活力的雇員，一個外貌、談吐、舉止、以及一舉一動都表露出她「筋疲力盡」、老了的雇員，一個不再擁有年輕人的精神與熱情的雇員而已，那麼，我們又怎能責怪這個老闆呢？如果一個女性的說話方式比語言內容本身更讓人覺得，在她身上早已沒有成功的潛質了，那麼，她又如何能夠取得預期的成功呢？

這位女士的問題所在並不是她的客觀年齡，而是她的思想年齡。對於中年或已過中年、不論是出於何種原因被迫尋找新工作的職業男女而言，最大的障礙並不是年齡，而是他們無精打采、灰心喪氣的精神面貌。我和他們中的許多人都有過交談，雖然他們都向我保證自己並沒有失去勇氣，堅信自己仍能勝出，然而，我卻能夠感覺到，這份肯定並非基於他們的自信，而是礙於自己的情面。他們雖然不願意承認，他們打從心底已經認為自己永遠落伍被淘汰了，自己的生活已經是個敗局了，但是，他們的卻表現出了這樣的想法。他們渾身上下都散發著一種自卑、對自己沒有信心的訊息，他

們的言談舉止總是顯得底氣不足。他們得不到申請的工作，有的抱怨運氣或命運不好，有的則是感慨時過境遷，或歸咎於其他一些迷信的說法，他們唯獨沒有意識到，自己失敗的原因並不是年齡或者外界的因素，而是他們自己。

不論你什麼年齡，只要你身體尚可，就會有一份工作在某處等著你。如果你找不到它，那就是你的錯。

如果你恰好處在五十歲到六十歲之間，就已經開始以一種老年人的心態對待一切，沒了年輕時候的那股衝勁，以年齡為藉口放棄各種做事情的機會，那麼，你絕對不可能得到一份工作。假如有人要求你做一些不太尋常、甚至看起來很幼稚的事情，你習慣性地使用了一種表情，告訴對方，「我的年齡不適合這種工作」、「我現在考慮這個有點為時過晚」、「幾年前我可以，但現在恐怕不行了」、「現在的我沒法和過去比了」、「我的精力是有限的」、「這些事情還是留給年輕人去做吧」，那麼，不會有哪個雇主會喜歡你的。精明的商人一眼就能看出來，你已經失去了鬥志，對他已經毫無用處了。你求職成功的一半可能性已經輸在了你的心態上，因為，只有相信自己能成功的人才會成功。

前陣子，紐約大學的畢業班上有一位年過六旬的長者獲得了學士學位，真可謂活到老學到老。如果這位六十歲的「年輕人」（他白天還有一份全職工作）開始認為自己已經老

了，到了該享受輕鬆生活的年齡了，不應該和年輕人去競爭了，那麼，他還會去讀夜校，去取得學士學位嗎？當然不會了。沒有人會去做自己認為遙不可及的事情，只要你認為自己老了，該退出了，那你就真的是老了，該退出了。

　　想要和年輕人競爭的，超過四十、五十甚至六十歲的人，不應該太介意自己的年齡，或者根據自己的年齡來衡量某些東西，也不應該在穿著上過於老氣橫秋，更不應該彎腰駝背、步履蹣跚、臉上一副無望的表情，這樣做只能讓你老得更快，心態決定年齡。一個人是否老了，不能用活了多少年來衡量，而是應該看他是否雄心尚存，老驥伏櫪，志在千里。如果一個人希望已破滅，鬥志已燃盡，那麼，他生命中的元氣便蕩然無存，雖然你只不過四十出頭，但衰老卻提前到來了。

　　許多人雖然只有五十多歲，但卻像一棵不再結果實的老蘋果樹。老樹吸取地下的水分，吸收空氣和陽光中的化學物質，這一切都是大自然的力量，小樹吸收了這些力量後，會茁壯成長，會結出纍纍碩果。老樹外表看起來仍然是一棵蘋果樹，但它卻沒有什麼實際用處了，它不再結果實了，它已經從中間開始腐爛了。

　　如果你是這一類型的人，那麼，你找到工作的可能性就不是很大了。正如蘋果樹對它的主人毫無用處，同樣你也不會給你的雇主帶來利潤。

每一個雇主都知道，導致成千上萬的，極具潛力的人都沒能獲得太多物質財富的原因有許多。居住地點的改變、改行、流行趨勢的改變、關稅的改變、成本的提高、長期的疾病、多病的妻子、體弱的孩子 —— 任何一個方面都有可能會分散一個人的精力，或者讓他／她處於生活中極為不利的情況中。如果是因為這些原因，或者是生活中其他各種原因，那麼，一個在中年或已過中年的人在找工作時便無需感到自卑或有失尊嚴。實際上，如今適合年長一些人的工作已逐漸增多，他們應該為這一事實而感到慶幸。

　　這場大戰改變了我們先前的許多偏見，打破了許多舊的習慣，迫使我們推翻某些逐漸形成信條的、不利於整個人類的陳規陋俗。這些規定中其中有一條就是「最後期限」，它莫名其妙地限定了一個人的能力的使用期限，甚至限定了一個人的生命和幸福。著名的奧斯勒理論認為，一個人的最佳工作年齡應該是在四十歲，一個人正常的退休年齡應該是在六十歲。雖然奧斯勒 [34] 醫生並未鄭重其事做出聲明，但是，這一理論對於年齡的仲裁提供了最權威的依據。這種不公正

34　威廉·奧斯勒（William Osler, 1849-1919），加拿大醫學家、教育家，被認為是現代醫學之父。他建立的住院醫師制度和床邊教學制度在西方醫學界影響深遠，至今仍是世界醫學界基本的制度組成；作為美國約翰·霍普金斯醫學院創建人之一的他，以文藝復興式的多才多藝形成了約翰·霍普金斯醫學院的傳統；他尤其強調醫學的人文與教養，他的很多言談和論點仍被醫學界廣泛引用。一生主張守住一片純良的寧靜（Aequanimitas），所謂寧靜就是在任何情況下都保持冷靜與專心，是暴風雨中的平靜，是在重大的危急時刻保持清明的判斷，是不動如山、心如止水。

的、主觀的限定給一些超過四十歲的求職者帶來了一定的困難，讓那些超過五十歲或六十歲的求職者感到毫無希望。

戰前，我們常聽到這樣一句話，「這是一個年輕人的時代！」「這個企業需要新鮮血液！」「我們要年輕人！」人們對於超過四十或五十歲的人，或任何略顯老態的人抱有一種偏見，這讓年長一些的人找工作非常之難，在當時那簡直就是一個年輕人的世界！但是今天，無數的事例向我們表明，年齡限制早已消失。部隊徵兵令大批大批的年輕人從工業、商業、職業領域中撤退下來，這樣一來，許多四十、五十、甚至六十歲的人填補了年輕人留下的空缺。

正如戰爭將許多原本認定已經報廢的，或許再不會派上用場的舊船隻、舊艦艇重新投入使用一樣，戰爭讓許多原本因年齡仲裁早已放在一邊的男性和女性重新有機會提供自己的服務。這些人們在戰爭期間做出了優異的工作，許許多多的人工作出色，甚至在工作過程中重獲自己的青春。

在許多責任重大的行政職位上，以及許多取代了年輕人的常規機器操作職位上，老年人甚至比年輕人做得更出色。現代科學、發明與發現為我們提供了許多精良的機器設備，將人類從繁重的體力勞動中解放出來，同時也給年長的人提供了許多機會，讓他們能夠做一些在從前只有壯年男女才能幹的工作。在許多工廠中，原來靠手工完成的重體力勞動都被機械設備所替代，而這些設備則由無法從事重體力勞動

的中老年人來操縱。在如今的農場上，我們能夠看到許多六十、七十、七十五歲甚至更老一些的人開著農業機械，從事著重要的工作，他們耕地、耙地、鋤地、收割。然而就在不久前農場還只是年輕人的天地，這些工作還只能夠由壯勞力來做。

在一些更高級的、以腦力勞動為基礎的領域裡，超過六十歲、七十歲甚至八十歲的老年人仍然能夠像四十歲的人那樣做出優異的工作。我認識一個七十多歲的人，他精力旺盛，充滿生命的力量，有幾百名年輕人在他手下工作。在他的研究基地，他總是健步如飛，渾身散發著精力、力量、和生機，任何不認識他的人都會立刻被他吸引住。他的目光敏銳，頭腦清醒，什麼事情都逃不過他的眼睛。

這樣的人不勝枚舉。在公司的董事會裡，八十歲，甚至是超過八十歲的人仍然思路清晰，精明強幹，他們對最先進的管理技術瞭若指掌。在各種行政管理職位上，不斷有年長的人得到晉升；在藝術、科學、文學、法律、醫療以及其他專業性行業中，老年人們能夠從事各種各樣的工作，而且這些行業的老年人從業人數仍在不斷增加，他們深知生命的可貴，更為認真誠懇，能夠比大多數年輕人更好地利用自己的時間。除了出色地工作以外，他們的興趣愛好也和年輕人同樣多，他們閱歷豐富，充滿智慧。

盧瑟・伯班克、希歐多爾・N. 韋爾[35]、亨利・沃特森[36]、約翰・沃納梅克、艾爾伯特・H. 加里[37]、湯瑪斯 A. 愛迪生、約翰・巴勒斯[38]、威廉・迪安・豪厄爾斯[39]、昌西・M. 迪皮尤[40]、伊萊休・魯特[41]、吉本斯主教[42]，還有許許多多年逾七旬甚至八旬的人，他們仍然帶著年輕人的活力與快樂孜孜不倦地工作著。

　　在精神上，愛迪生顯然和年輕時候沒什麼兩樣。他說他很少感到疲憊，一口氣經過長時間的工作後，他可以隨便找

35　歐多爾・N. 韋爾 (Theodore Newton Vail, 1845-1920)，美國電話業實業家。1885至 1889 年間及 1907 至 1919 年間任美國電話電報公司總裁。韋爾視電話服務為一公共設施服務並由此將電話網路集合到貝爾系統之下。1913 年為使電話電報系統更加開放，韋爾負責監督了金伯利專案。

36　亨利・沃特森 (Henry Watterson, 1840-1921)，美國記者、作家、編輯。《路易斯維爾信使報》創辦人，曾作為民主黨眾議員在美國眾議院任職一屆。代表作：《林肯傳記》、《自傳》、《生活的妥協》、《歐洲遊記》等。

37　艾爾伯特・H. 加里 (Elbert Henry Gary, 1846-1927)，美國律師、法官、公司合夥人。1901 年創辦美國鋼鐵公司主要創辦人之一。他是 J.P. 摩根、安德魯・卡內基和查理斯・斯瓦布其他 3 位合夥人的召集人。

38　約翰・巴勒斯 (John Burroughs, 1837-1921)，美國自然學家、自然隨筆家。他對自然的熱愛和寫作，在很大程度上，來自於他童年的經歷。代表作：《醒來的森林》、《冬日的陽光》、《詩人與鳥》、《蝗蟲與野蜜》等。

39　威廉・迪安・豪厄爾斯 (William Dean Howells, 1837-1920)，美國小說家、文學批評家。美國現實主義文學奠基人。父親是新聞編輯和印刷商。代表作：《塞拉斯・拉帕姆的發跡史》，寫一個剝削礦工發財致富的暴發戶，批評家認為其中充滿了「敏銳的觀察」和「善意的批評」。

40　昌西・M. 迪皮尤 (Chauncey Mitchell Depew, 1834-1928)，美國范德比爾特鐵路有限公司法律顧問、紐約中央鐵路系統總裁。1899-1911 出任美國參議員。

41　伊萊休・魯特 (Elihu Root, 1845-1937)，美國著名律師和傑出政治家，曾先後擔任地方檢察官、陸軍部長、國務卿、紐約州參議員、制憲會議主席等重要職務，1912 年獲諾貝爾和平獎。

42　吉本斯主教 (James Gibbons, 1834-1921)，美國羅馬東正教主教。

一個地方睡一覺，醒來後立刻精力充沛，他說，上下樓梯對他來說絲毫不成問題，他可以像年輕時候那樣一步跨兩個臺階，做出各種大顯身手的事情。

中老年人之所以難找工作，原因之一是因為他們已經跟時代脫節了，失去了協調性、失去了對新鮮事物的興趣和熱情，他們仍然還活在過去。他們是十足的「大勢已去之人」，然而與時俱進的雇主們最怕的，就是「大勢已去」。這些總喜歡頻頻回首的人從來沒有意識到，事物在每一天都有新的變化，他們必須與人類社會每一天的進步保持一致，否則就會遭到淘汰。不論一個人處在什麼年齡階段，只要他失去了緊跟時代的進步精神，他也就失去了取得大成就的希望。正如奧利弗·溫德爾·霍姆斯所說：「在七十歲時仍然保持年輕有時要比在四十歲就疲憊不堪讓人更值得慶祝，更充滿希望。」

親愛的朋友，不論你是什麼年齡，不論你是二十歲也好，五十歲也罷，如果你希望找到一個工作，你就必須告訴每一個人，在生活的戰場上，你仍舊是一名鬥士，你的理想之火仍然在熊熊燃燒，你仍然足智多謀、不斷進步、有創新精神、獨立自主、能夠與行業中的任何一個人相抗衡。那麼，即使你已雙鬢花白，一些需要類似於你這種服務的雇主仍然很樂意雇用你。

帶著一副沮喪的面孔四處求職，走到哪裡都在抱怨「沒有人想要年紀大的人」、「誰都想要年輕的、精力旺盛的人」、「稍微顯得老一些就沒有機會了」，這樣做根本就是在搬石頭砸自己的腳。這種悲觀喪氣的做法足以扼殺每一次機會，不論這個人有多麼大的能力。它表明，這個人的思想已經落後了，已經無法緊跟生活主流的步伐。在生活大軍中落伍、被淘汰的人休想將自己的服務出售給任何先進的機構。

　　一個正值中年，卻看起來十分蒼老的人，臉上寫滿了無望，不是憤世嫉俗便是悲觀厭世，對大多數人關注的事情無動於衷，然而這個人卻在四處找工作，這的確是一件很可悲的事情。他的外表形象告訴人們他很衰敗，光是這一點就足以讓老闆將他拒之門外，因為他已經用自己的一舉一動明明白白地宣布，他失去了希望。而希望在求職過程中卻是一個十分重要的因素。

　　如果一個人雇傭那些頭髮花白、彎腰駝背、鬍子雜亂、頭髮亂七八糟、衣服上都是油漬、經常落魄街頭尋找工作的人為自己服務，那麼，他又能有什麼機會呢？沒有一個精明的老闆會雇用這樣的人，就算是最低的職位也不可能。對於那些失去希望的人，我從來沒有抓住某個人，給他好好梳洗打扮一番，給他一套新衣服，告訴他要持有正確的心態，以便求職時能有一副勝利者的表情，而不是像一隻鬥敗的公

雞。我會讓他走路時挺胸抬頭，不再像一個失敗者，給人以受冷落者的感覺；我會教會他如何讓自己表現得渾身充滿活力，充滿魄力，充滿創造力；我會讓他看到自己的潛能，不論你眼下多麼不盡人意，如果你感覺到自己神聖的力量和無盡的潛能，那麼，成功也就離你不遠了。

我們已經開始認識到，人的思想具有強大的力量，相信我們集中思想所想的事情定然能夠實現。如果你思想集中在失敗之上，滿腦子想著年齡太大，找不到工作，那麼，你一定無法成功得到你所追求的工作。如果你瞥見自己有幾根白髮，就開始任由衰老的想法在腦海裡蔓延，占據了你的思想；如果你開始留意觀察自己是否精神狀態有所下降；如果你偶然無法像平常那樣集中精力去思考，就認定自己的能力在減退，那麼，你當然就會掉隊。

我們總是朝著自己認定的方向發展，這是一條心理規則。我們對自己堅信不疑的東西正是自己真正具有的東西。如果你總認為自己的志向已不再高遠，你的各方面官能正在減弱，你很快就會認為自己已無法再去和年輕人競爭，你很快就會放棄一切。是你自願主動地落後了，你不願意緊跟年輕人的步伐。一旦你這樣做了，你注定就會越拉越遠，是你自己降低了自身的價值。既然你在思想上已經承認了自己無法在與年輕人同場競技，那麼，你的行為就會將你的思想表露出來，那麼，年輕

人自然而然就會在各種工作的競爭中贏過你。

如果一個人到了五十歲或六十歲仍然沒有一定的金錢或社會地位,無疑是一件很嚴重的事情。但是,過去有成千上萬的人,他/她們雖然處在這種情形之下,但仍然能夠最終勝出,有的甚至開創了輝煌的事業和生活。今天,你所擁有的機會要比他/她們當初的機會多一千倍,如果你有事業心和意志力,你仍然可以像他們一樣在五十歲出頭時取得巨大的成功。

許多人一直到了中年時期才真正知道自己到底最適合做什麼,然後下定決心將剩下的時間用於工作之上,做出一些有價值的事情來。所以,問題的關鍵就是看你能否在遭遇到困難之時振奮精神,下定決心告訴自己,不論是年齡也好,命運也罷,或是其他一些跌跌撞撞都無法將你打敗。相信上帝,相信自己的力量,你將戰勝一切困難。

有的人在人生的後半段才真正覺醒,有了自己的志向抱負,倘若他是個真正勇敢之人,他必定會奮力重新奪回自己的立足點,或竭盡全力和年輕人競爭,但他絕不會走到哪裡都喋喋不休地抱怨自己的壞運氣或所處的環境。他更了解,焦慮與煩躁只是浪費精力,徒增皺紋而已。他不會總是想著自己的年齡,沒完沒了盯著自己的不利條件,相反,他會刻意忘卻自己的年齡問題,讓自己在外表上顯得更年輕一些。

他會盡可能地穿著得體，如果實在是買不起一套新衣服，他會將舊衣服洗乾淨熨燙整齊，將皮鞋擦得鋥亮。他會用顯而易見的方式表現出自己的年輕心態，透過舉止和步態告訴人們，自己仍然很年輕。他走路的時候不會垂著肩膀，步履拖沓，一看就知道他精力不夠用，他的青春活力已經燃燒殆盡了。他走起路來會昂首闊步，就像年輕人那樣有跳躍感，精神飽滿，充滿了生命的活力。他會滿懷信心向前看，不斷告訴自己，「上帝是我的生命，我在精神上不可以衰老，年齡的增長並沒有什麼可怕的，只要我在精神上保持年輕，只要我的內心仍然保留有一份童真，我就不會變老。我工作的能力像過去一樣強，從現在起，我會比過去任何時候更成功！」

　　如果你是一位求職者，並且已步入了中年，或者已經超過了被武斷限定的「中年階段」，那麼，你潛在的雇主就有可能更為仔細地考察你，他會注意到你每一個衰老的細節。不論你的自薦信寫得多麼好，不論你多麼有能力，多麼適合這個職位，但如果你看起來精神不振，那麼這一切都會大打折扣。

　　沒有人願意雇用一個垂頭喪氣或脾氣乖戾的人，尤其是這種類型的中年人，雇主需要的是精力旺盛的、朝氣蓬勃的、有志向的人。這為那些中年求職者帶來了一些不利因素，也無形中打壓了他們的士氣和積極的思想，制約了他們

的潛能。他必須讓人一目了然，如果從才能和思想能力方面來說，就算他沒有超過年輕人，但最起碼也不亞於年輕人，否則，他根本不可能有機會得到他所追求的東西。

當一個雇主在考慮面前這個求職者的時候，他使用的是自己的眼睛和耳朵。他的感知器官、他的判斷能力和他的洞察力全部都調節到了最佳狀態，不停地對眼前這位求職者的一切進行衡量和評估，他的舉止、他的談話、他的外表、他的眼神、他的著裝。這些因素既可能會吸引雇主讓他欣賞也可能會讓雇主反感。精明、聰明的雇主只關心應聘者身上有多少可供他利用的地方。如果你年齡稍大一些，他可能更想知道你身上還剩下多少好的特質，還有多少工作能力、還有多少精力。他不想雇用一個看起來似乎要日落西山的人，也不想雇用一個待不了多久的人。他更不想雇用一個單純想著這個工作能帶來多少好處的人，他只想雇用一個一心一意為自己工作的人，一個充滿了熱情和活力的人，一個決定在自己的職位上奉獻出最佳服務的人。

工作中是不講感情的。雇主總是在尋找物美價廉的雇員，一個真正才華橫溢的人並不希望一份工作做到死。你必須向你期待的雇主表明，你依然值得他去投資。如果你的外表形象，你的談話，尤其是你的心態（我強調，是心態）表明，你的回報率不會很高，你已經開始進入了下降階段，你

對生活已經厭倦了，那麼，你就不會得到這份工作。

如果我是五十歲或六十歲，打算出去找一份工作，我要做的第一件事情就是好好洗個澡，刮乾淨鬍子。我不會打扮得像個紈絝子弟，但我會很仔細地穿著整潔，讓自己看起來很得體。在我盡最大努力處理好自己的外表後，我會在精神上給自己打氣，我會和自己來一次推心置腹的交談，就像這樣，

「好了，愛德華・鐘斯，你要勇敢面對這一切。你雖然有不足之處，但是也有自己的強項，你越早發現它們，對你就越有好處。今天我要去應徵一個工作，我要想通過面試，就必須讓雇主看到，我就是那個他要找的人。我要讓他看到，我所擁有的特質能夠彌補年齡上的不足，我定能獲勝。我充滿生機、鬥志旺盛、有活力，絲毫不亞於他要尋找的年輕人。我充滿了希望與成功的自信，我會讓他相信我，向他表明，他所面對的是一個真正有價值的人，我的一切都不次於任何人，我沒有任何退化或力量減退的跡象。」

如果你帶著這樣的精神面貌來到雇主面前，如果你的確能夠勝任這份工作，他會不考慮你的年齡，給你這個機會。他會這樣說：「這個人是我值得留下的人，他將成為我企業中一筆真正的資產，有了他我會生活得更好。他比一個年輕人更適合這份工作，因為他經驗閱歷豐富，且事業心強，精力充沛。」

如今，有許多五十多歲的人仍然沒有住房，還在尋找工作。他們比一些經濟上較為成功的人更有能力，工作更為賣力，更加堅持不懈，也更有個性，這些人或許無法控制局面，但是他們卻應該知道如何控制自己的心態。如果他們想要再度大展拳腳，他們必須懂得這一點。

　　在這個世界上同樣還有千千萬萬步入中年卻仍然毫無建樹的人，和他們剛剛出道時沒什麼兩樣。他們中有許多人非常自卑，但卻迫切需要工作。然而他們卻具有相當大的潛力，這種潛力一旦得到發揮，就足以讓他們在人生的後半段取得輝煌的成功。如果他們能夠重拾信心，不再自卑，用他們年輕時候的勇氣與膽識面對生活，他們定能創造奇蹟。

　　這個世界上有許多偉人，他們甚至在五十知天命之年才真正了解了自己，發現了自己的潛能，歷史上有許多這樣的事例。五十歲以後取得成功、獲得名譽，這種故事聽起來似乎有點不可思議，但卻是生活中真實的故事。就在我們的國家，許多步入中年的人就已經被劃為失敗者的行列了。他們沒錢，沒房子，落魄潦倒，但是，許多人在五十歲以後卻發覺自己仍然具有可以發揮的才能，只是以前未曾想到過而已，於是，他們開始大步向前，最終取得了很大的成功。

　　許多人到了中年才發現自己到底真正最適合做什麼，然後下定決心將剩下的時間用於工作之上，做出一些有價值的

事情來。歷史上有許多讓人感觸極深的事例，這些事例告訴我們，許多人在人生的前五十年並不成功，五十歲過後方功成名就。

有的人自身資質很好，只是在晚些時候才如夢方醒，有的人想要努力收復失地，重新登上原先的立足點，他們讓自己的先天不足成為了墊腳石，將它轉化成為了有利之處，比方說一個跛足的人，或者有其他身體殘疾的人用堅定的意志力戰勝了先天的不足，他們讓自己的先天不足成為了墊腳石，將它轉化成了有利因素，讓自己在這個世界上獲得了一席之地。

一切事情均取決於我們面對困難的精神。如果我們堅信，有一種神聖的力量在支持著我們，如果我們用這種信念對待每一件事，那麼，我們必然能夠到達人性中一個更深的層面，我們必然能夠發現自己的才能與潛力，而這種潛力如果不透過努力，可能永遠也只是潛力而已。

愛默生說過，如果我們和高於自己的東西交流，我們就不會變老。當然了，如果我們和上帝保持一致與和諧，如果我們知道自己和上帝的同一性，和為支持萬物的源頭保持密切連繫，我們就不會早在中年時期精神上和體力上便出現衰退現象。

隨著年齡而來的經驗給人以智慧，並豐富一個人的生

命，個人的能力與經驗是一件終身累積的事情。若不是人類認為自己到了年齡就要變老，認為我們一旦到了特定的年齡，就會到達一個衰退的階段，就會開始走下坡路，我們恐怕都可以繼續工作下去，獲得精彩的成就，讓生命的光彩煥發到人生的最後時刻。

最能夠抵抗衰老的東西莫過於歡愉、希望、興致勃發、心情愉快、信仰上帝和自信。這些都是保持年輕的經典特質，如果你想要保持年輕，就去培養它們，讓思想裡充滿年輕的想法，多和年輕人相處，走入他們的生活、工作、娛樂和理想中。積極參與到年輕人的活動中去，要帶著熱情和興趣全心全意地投入。如果你不認為自己做得到，你就無法發揮自己的能力，如果沒有自信的呼喚，你儲備的力量將永遠站在幕後，沒有機會上場。如果你想要保持年輕，你的思想和行為必須表現出年輕的樣子來。讓身體衰老的並不是年齡，而是一個人的思想。「如果一個人的思想不允許，他／她的臉就不可能洩露自己的年齡，思想就像一個雕刻家」。大多人存在的問題是我們在年輕時就早已播下了衰老的種子，我們總是期盼著在四十五歲時開始衰老，從五十歲開始就一天不如一天。相反，如果我們正確看待生活，我們完全可以在五十歲時重獲新生。

我們不能脫離一個事實，我們總是和自己所相信的那個

自己相差無幾。如果一個醫生認定病人很快會死掉，任何東西都回天乏力了，那麼，這個醫生絕不可能醫好這個病人，因為人的肢體行為總是會受到潛意識的支配。

如果我們學會一直把自己視為年輕人，如果我們在思想裡十分重視「永遠年輕」原則，並且堅信，人的本質，也就是聖潔的力量是永遠不會老的，我們就絕不能主動去表現出一副衰老的樣子來。如果我們明白，任何力量都無法將我們與上帝的這條原則相分隔，如果我們了解到我們的生命、健康和永恆全部都寓於上帝的原則當中，而上帝的原則恰恰又寓於我們內部，那麼，我們將有能力抵制心理衰老所導致的實際衰老。

第十四章
面對現實，更忠於理想

「失敗不是指犯錯，而是指胸無大志。」

「理想激勵著一個人和命運戰鬥。是來自天堂的聖潔讓我
們有了遠大的目標，追求更大的成就。」

—— 奧里森‧斯威特‧馬登

不論你多麼貧窮，外表看起來多麼平庸，你仍要抬起頭來。不要害怕好高騖遠，你可以將目光指向遙遠的星空。就讓別人去嘲笑你吧，如果他們願意的話，但是千萬不能讓別人嘲笑你最終放棄了堅持多年的追求。不論在哪個時代，正是這種著眼於高處的精神鑄就了一個又一個偉大人物。

一個人進入比賽之前，他首先必須獲得參賽資格，但最重要的是，他必須有一個明確的目標和毫不動搖的決心。不論中途遇到什麼障礙，碰到什麼阻撓，他必須要有勇氣和毅力，決心永不放棄自己的目標。這是一個人擁有成功、完整的生活所不可或缺的東西，它所發揮的作用就如同哈姆雷特這一角色在莎士比亞這部巨著中所發揮的作用是一樣的。

如果我們在初秋時節去果園裡走一遭，就會看到，雖然此時成熟季節尚未真正到來，但地面上滿是掉落的果實。大量還未成熟的果實之所以會掉落在地，是因為它們已經不再繼續生長了，懸掛在枝頭已經毫無意義了，所以最終只能落在地上。它們已經無法汲取到樹液從根部運輸上來的養分，果樹也懶得再去支持這些毫無用處的果實，於是將它們清除

掉了。許許多多的人就像是這些掉落在地的蘋果，他們失去了勃發的志向，不再進步，最後只能掉隊，成為一個一事無成的人。

生活中最令人感到難過的事情之一就是眼睜睜地看著一些人理想漸漸模糊，失去了自己的生活目標。他們帶著對未來的憧憬踏上生活的旅途，但是，生活中日復一日不容變更的煩惱瑣事卻讓他們的理想黯淡、褪色，讓他們的標準開始下降，讓他們的鬥志逐漸喪失，旺盛的精力不斷燃盡，激情漸漸冷卻。

人類的一切成就都扎根於向上的本能，人的一切特質中，只有志向需要你更多的留意、更多的保護和更多的培養，如果你不去澆灌，它就不會生長。一個人開始忽略它的那一刻，也就是他開始退步的那一刻。他的精力在下降，他的外表漸漸蒼老，行動漸漸遲緩，口齒漸漸不清，他開始不修邊幅，舉止中和工作中都顯示出隨便和潦草，最後直到他徹底失去自信與驕傲，迅速滑入低谷。他成為了一個毫無用處的人，甚至會成為一個社會危險分子，因為有這樣一句話，「沒有理想追求的人是不負責任的人，不但自己毫無價值，還會給他人帶來危險。」

如果你的志向不夠活躍，不夠持久，眼看就要垮掉，尤其是你正處在灰心喪氣的階段，你應該透過各種途徑加強

它，扶持它。比如說，如果你在一個公司裡上班，你就要下定決心成為一名優秀的商人，時刻準備著成為你的雇主的合作者，這已經是一個被許多美國人證明的，能夠從底部一直爬到頂部的實現抱負的完美途徑。如果你心中一直有這樣一個信念，現在你雖然只是一個普通職員，但有朝一日，你的名字將會出現在這家公司的大門上，這種信念便是你的目標，你會為之而努力工作。但是，你的名字將來到底能否出現在那扇特殊的門上其實並不重要，因為在追求這一目標的過程中，你將得到鍛鍊，同時也是在為其他一些事情做準備，你會獲得同樣的甚至更好的收穫。不論日後會有什麼樣的事情發生，有志向為成為合夥人而做準備是你的最佳發展方式。

向上攀登的唯一動力就是將目光固定在你的目標之上，從不偏離。在腦海裡不斷想像你想要的東西，盡自己的最大努力為之付出。你或許在努力學習，打算要成為一名律師、一位醫生、一名教師、一名工程師，但不論你打算從事哪個行業，你要把自己的目標定在最高位置，你一定要讓自己成為一流的從業人員，成為自己行業中的大王。重要的是你要一直有一個動機在背後支持你自己，前方要有一個激動人心的目標在等著你，你要期待偉大的事業，這些事情都能夠激起你的志向，滿足你的進取心。

你會發現，就像演員在舞臺上扮演某個角色那樣，模仿一些你所欽佩的、志向高遠的人對你十分有幫助，在腦海裡一直持有自己偶像的形象也是一件很不錯的事情。你要努力想像一下他們的形象，至少也要想一想他們身上那些我們所不具備的特質。你要在你的同伴面前表現出一定的使命感，彷彿你要為人類傳遞某個重大訊息，這樣做會讓你帶著極大的熱情和趣味對待工作和生活，會將你的信心展示給每一個人。工作中，你要下決心一天更比一天出色，告訴自己，你正在向著勝利前進。你要留給大家一個印象，你是一個有事業心的人，注定會成功。讓自己在體力上、思想上、士氣上一直保持成功的標準，保護好自己，確保自己不斷自我改善的精神不會受到任何不良的影響。一定要密切關注自己是否有退步、標準降低或任何有損於自己價值的跡象，哪怕一點點。如果你堅持生活在一種較高的境界之下，你的志向就永遠不會消衰。

　　我認識一個在商業界頗具名氣，並取得了一定地位的人，他從很小的時候就開始使用一種一步步確立理想的方法讓自己進步。這種方法就是每天和自己進行一番推心置腹的交談，並以此不斷推著自己前進，一直到他達到最高的層次為止。

　　這位成功人士十分肯定，他的許多成就都要歸功於一種早年養成的習慣 —— 毫不留情地催促自己，不斷敦促自己

盡可能地發揮自己最大的能力。他認為，如果自己不鞭策自己，把自己當成一個前途光明的孩子，訓練自己未來承擔偉大的責任，那麼，任何人都做不成大事。他說，如果他不能緊跟自己的理想，如果無法刺激自己，為自己設定新的目標，用不了幾個月，他的標準就會下降，他的精力就會衰退，他的理想將泯滅，他的整個生命就會出現退化現象。

　　雖然許多事情都會破壞和削弱一個人的志向，但是據我所知，除了邪惡本身之外，拖沓的習慣是最容易讓人消沉的一個弱點。我們都知道，理想在最初的時候是多麼美好，多麼令人憧憬，但是，如果我們沒有緊緊追隨自己的理想，如果我們並沒有付諸實際行動去實現理想，如果我們總是將實現理想所必須付出的努力向後拖延，那麼，理想就會開始褪色，我們的意圖就不再具有太強的約束力，我們希望有所成就的意願也就不再那麼強烈，還沒等我們意識到這一切，我們的理想就已經夭折了。對於我們計畫要做的事情而言，就算是在執行時間上僅僅延遲過一、兩次，也會讓人明顯感覺到熱情因時間拖得過久而減退。

　　我想起了一個年輕人，他有很強的能力，對法律和政治充滿熱情，每一個認識他的人都相信，他定會有所作為。但是，他卻一推再推，遲遲不肯為成為一名律師做準備。剛開始的時候，他以無比的熱情和飽滿的情緒對待自己的理想，

他取得成就的勢頭似乎是勢不可擋。但是，每拖延一次就更容易引發下一次的拖延，他每一年都會下決心，不論碰到任何障礙，明年他一定會開始學習法律，可是，一年一年就這樣過去了，如今他已四十出頭，卻仍然沒有開始他所認定的終身事業。實際上，他當初的勃勃雄心早已變得淡漠，甚至已經徹底消失了。一切遠大的抱負都將毀於因循之間，所有潛在的輝煌事業都會在逐漸消亡的雄心中化為泡影。

卡萊爾[43]曾說：「找到適合自己工作的人是幸運的人，他會因此而別無他求，因為他的生活中已經有了追求的目標，並緊緊追隨其後。」

如果你已經找到了一份終身為之奉獻的工作，最適合自己的工作，並將自己全部的精力投入到這份工作中；如果你絕不允許自己的志向有一絲一毫的動搖，不允許任何障礙影響到你的熱情或改變你的初衷，那麼，任何事情都無法阻撓你獲得成功。

然而，並不是每個人都具備一定的才能，能夠很輕而易舉地對自己的終身職業做出決定。最近，在這個問題上陷入困惑，不知該如何決斷的一個年輕人寫給我一封信，信中說：「如果我前方有什麼明確的目標，我知道我一定能夠達到

---

43 湯瑪斯・卡萊爾（Thomas Carlyle, 1795-1881），英國評論家、諷刺作家、歷史學家。他的作品在維多利亞時代甚具影響力。代表作：《法國革命》、《論英雄、英雄崇拜和歷史上的英雄業績》、《過去與現在》等。

它。但是我卻認為，對於像我這樣的人而言，能夠找到真正適合自己去做的事情要比成功到達自己找準的目標更難。我敢肯定，有成千上萬的年輕人在這一方面需要幫助。」

我認識許多年輕人，他／她們已經大學畢業多年了，但是仍然沒有最後決定自己的終身職業到底是什麼。他們中有些人繼續攻讀碩士學位，有的出國去深造，唯一的原因就是還沒有決定這一生究竟要幹什麼。他們覺得再多學習幾年或許有助於自己做出一個更好的決定。但是，這種將做決定的時間拉得過長其實是很危險的，它很可能會成為失敗的潛在根源，所以，最好是趁著年輕做出決定，就算是一個錯誤的決定也強於無所事事，讓大好的年華就這樣悄悄溜走。

如果你仍然猶豫不定，不知道自己到底該選擇什麼職業，那麼，你就要盡量融入到一個能夠激發志向的氛圍當中去，和那些實幹家，那些能夠讓你意氣風發的人在一起。你還要多讀一些好的、勵志的書籍，讀一些和著名的探險家、發現家、發明家、科學家、政治家、作家、藝術家、音樂家等有關的人物生平傳記。許多偉大人物的自傳喚醒了無數年輕男女的新志向，讓千千萬萬的人從此走出困惑，堅定了自己的信念。

再沒有什麼能夠比偉人的生平事蹟更能產生激勵和鼓舞作用的東西了。有許多窮苦的孩子，原本認為自己沒有任何

機會接受教育或擁有自己的事業，然而，當他們讀了一些具有偉大思想的人所親身經歷的事情，知道了再大的困難也沒能阻擋他們取得成功的事實後，就會不由地問自己，「我為什麼就做不到呢？」也就是從那一刻開始，他下定決心要去爭取。或許，若不是這些催人向上的書籍發揮了激勵人奮發向上的作用，他可能仍在懷疑自己的能力，永遠也不敢嘗試任何值得去做的事情，更不可能靠奮鬥取得成功。

一旦下定決心，你就要立刻開始行動。不要讓時間將你的欲望和理想冷卻下來，拖延因循的習慣是創造力的宿敵，它打消我們立刻行動起來的決心，它讓我們和成功之間的鴻溝隨著時間的流逝而日益加寬。就算是面對同樣的障礙，年輕人有種初生牛犢之勢，而漸近中年之人則是瞻前顧後，我們越是害怕困難，困難就越強大。理想一旦偃旗息鼓，人的做事的能力就會因擱置而麻木起來，年輕人眼中沒什麼大不了的事情，在中年人看來就成了一座翻不過的山。充滿熱情的學生，滿是激情與希望的年輕雇員並沒有意識到，如果他從不刻意提醒自己，那麼，他的年齡越大，理想就越暗淡，他的熱情也會漸漸耗盡，他的志向會越來越遙遠，一直到有一天，他會到了一個幾乎不可能開始創業，年輕時的決定根本不可能實現的年齡。

我們生活中的志向在很大程度上就是一種想像，是一幅

作家或藝術家筆下的圖畫。剛開始時，景致十分清晰，對比鮮明，線條明顯，但是，如果一個人沒有捕捉到最美的一瞬間，並把它表現在素描紙或油畫布之上，接下來的每一筆就會失去新鮮感和實效性，這幅畫也就不值得繼續畫下去了。

如果你只有理想，而不去將自己的計畫或目標付諸實踐，那麼，就算是再堅定的決心，再堅強的意志也不會讓事情取得半點進展。實際上，計畫、決定去做某件事情，不論這件事多麼重大，只要你不去行動也會讓自己能力下降。這就好比你可以站在體育場旁邊，一輩子看著這些比賽器械，然而你永遠不會因此而變得強壯。滑輪和吊重、啞鈴、雙杠這些健身器材只有在你使用它們時，才會塑造你的肌肉。同樣，你只有實實在在去從事一件事情，你的各種品格才會得到發展，你的男子漢氣概才會真正得到鍛鍊，你的志向才能得以力量的支持。

未付諸實際行動的理想就像是未得到應用的知識。在許多大學畢業生看來，光是擁有知識便能夠確保他們的進步。但是，知識只有在得到應用之時，才能真正轉化為力量，否則，充其量不過就是一些資訊與記憶而已。人的理想和知識一樣，只有當你使用之後，它才會變成力量。它或許永遠存在於你的記憶當中，對你毫無幫助，除非你完全消化吸收了它們，透過實踐，讓它真正成為自己的一部分。

一定要留意你最初的理想，它預示著你有能力做成、實現的事情，但是一定要記住，等待拖延的習慣能夠將一切毀於一旦。

　　實現理想，以及讓人能夠不斷獲得更大成就最大的潛在敵人，就是在獲得了一點點成績後，便開始放鬆自己，不再像過去那樣努力。一個年輕人處在對自己的未來不十分確定的情況下，他會去奮鬥，因為他無法肯定自己的力量和實踐動手能力。當他處於為自己的未來打拚之時，他永遠不會鬆懈自己的努力。但是，還有一種特質更為稀有，那便是當一個人獲得了巨大的成就之後，在他感覺自己已確立了牢固的地位之後，仍然能夠像原來那樣堅持不懈，全力以赴。這也正是為什麼有那麼多的藝術家很難超越自己第一幅傑作的原因；這也正是為什麼有那麼多的律師在名不見經傳的情況下，憑藉自己幾個月來夜以繼日對案件進行分析研究、準備，從而成功打贏第一場很大的官司後，卻無法將這種聲勢繼續保持下去，並因此而懊惱不已的原因；這也正是為什麼有那麼多的作家始終無法超越自己的成名作，對自己感到無比失望的原因。能夠從容面對潛在的嘲弄，努力擺脫平庸和失敗需要付出太多的努力，通常需要你付出最多的辛勞，沒有堅持不懈的努力，就不會有源源不斷的成功。

　　我們要時刻牢記，自己應該做出一番大的事業，我們來

到這個世界上的目的是要為人類做出貢獻，為我們的民族奉獻自己的價值，我們被安排在這裡是要讓事情向好的方面發展，讓這個世界更加美好，能夠讓人類生活得更加愜意。這種思想可以為理想提供源源不斷的動力和支援。

　　一個崇高的生活目標要比堅持理想更為重要，同時它也是讓人永保健康和青春的有力武器，他可以預防一個人未老先衰。一個運用自己各種官能去完成一項重大的使命的人是快樂的人，滿足的人，他的思想是充實的，所以絕不會生鏽，也不會失去活力。讓一個人保持年輕的，正是他／她的思想。

　　人們往往會嘲笑那些異想天開的年輕人，但是我們不應該忘記一個事實，所有成就大事的人都是從一個偉大的夢想開始的，都曾將目光固定在一個很高的目標之上，這些目標在當時看來根本是不可能實現的，甚至是愚蠢可笑的。

　　讓生活中偉大的目標時刻浮現在大腦裡將會給一個人的日常工作帶來很大的影響，因為一個志向遠大之人必然會將每一天都當作是為自己的事業奠定基礎或添磚加瓦，他知道，如果基礎打不好，或者有哪一塊混凝土品質不合格，或形狀不符合標準，受到了毀損或破壞，那麼，他事業高樓必然也會受到影響。

　　一切事情都取決於一個人生活中理想、動機的品質。一

個動機無聊、庸俗的人永遠不可能成為一個了不起的人，偉人需具備高尚的動機和遠大的目標。

　　一個志向高遠的年輕人臉上的神情和言行舉止便會讓一切不言自喻，你可以從他的談話中，他的行為中感覺到這一切。你可以從他語重心長的談話中看到這一點，這便是生命的輝煌之處。

　　我們絕對不可能高估遠大理想對於一個人個性的影響，它給人以傲骨，不會讓人卑躬屈膝，它讓人厭煩平庸、普通。理想能夠消滅甘於平凡的想法。生活中有了一個遠大的理想、一個占主導地位的目標會在最大程度上激勵我們的志向，給脆弱的靈魂以鼓勵，讓他們擺脫各種不良的影響。

　　當我看到一個年輕人的思想境界總是在不斷提高，總是能做得更好，總是努力要拓寬自己的視野，總是努力要多學點知識，透過各種管道孜孜不倦地吸收知識時，我就知道，他是一塊勝利者的材料，因為有了這種志向的人必定會在其他方面也取得輝煌的成就。一個不斷追求上進的人是一個不斷成長進步的人。他不會有片刻的耽擱與後退，也不會等著讓別人搶了自己的風頭，他有自己的一套計畫，並毫不猶豫將它付諸於行動。

　　精明強幹、頭腦聰明雇主們把人性看得很透徹，他們在提升一個人的時候，並不十分看重他過去的成績，並將它當

作未來發展潛力的依據，他們希望看到的是這個人身上還有多少發展空間，他最終能夠到達什麼程度，他是否已經快要接近發展極限了。一個經驗豐富的伯樂知道如何來衡量一個人的潛力。有時候，老闆將晉升機會給了年輕人，而不是其他那些眾所周知擁有更多技術和經驗的人，這難免會讓每個人都大吃一驚，但是，精明的雇主總是把眼光放在有潛力的人身上，他們的衡量標準不是這個人已經得到了什麼成績，而是他有多少潛在的發展空間。

　　有那麼多雇員從來都沒能到達一定的高度，其中一個原因就是他們從不努力向上爬。他們從未很好地培養過自己的理想，從來沒有充實過自己，不斷完善自己，好讓自己的理想之火更旺盛。據我自己的觀察，一個早年時期便失去了理想的人就會從早年開始衰退，就會出現各種個人衰退的跡象，隨著志向的消失，一個人的力量和氣概也會逐漸減弱。另一方面，如果一個年輕人一直都讓自己的理想之火熊熊燃燒，一直捍衛著自己的理想，那麼，他必然是優秀出色的人。那些聽之任之，沒過多久理想之火就已經漸漸熄滅的人永遠也不會取得成績。我曾和許多年輕人有過交流，他們都很自信，認為自己至少也能成為州長，甚至還有可能入駐白宮。但是這些年輕人並沒有拿出什麼實際行動來支持自己的理想，如今，他們一事無成，對這個世界沒什麼大的用處。

不論你的才華天賦是多麼顯著，多麼人盡皆知，但是，如果你沒有不停地利用它，也是枉然，它最終會逐漸消失。大自然的法則「不進則退」隨處可見，我們無法逃避它也無法忽略它，不論是理想、才華或是埋在地下的一粒種子，都將亙古不變地遵循這一法則。所有閒置不用的，不用心料理的或者不去好好培養的東西，都會逐漸倒退、衰敗。

　　即使是果實最為甜美多汁的橘子樹，如果完全不去理會它，任憑雜草與灌木在其四周生長，和它一起搶奪土壤裡的養分，那麼，用不了幾年的功夫，它就會退化到野生狀態。

　　任何水果、鮮花與蔬菜都和這顆橘子樹是相同的，人類也不例外。如果一個人總是自暴自棄，久而久之，他便會退化成為野蠻人。就算我們的各種精神官能已經得到了高度的開發，但是，如果沒能充分利用，吸收來自其他人的資訊，也會迅速出現倒退，甚至會倒退回到動物的層次。

　　據說，在學校教育的作用之下，印第安男孩和女孩的進步之大簡直令人咋舌。剛入學時候拍攝的照片和畢業時候拍攝的照片簡直天差地別，幾乎認不出來是同一個人。他們的臉上洋溢著智慧和自信的表情，這一切均來自於他們經過文化薰陶和改良後所取得的優異成績，更崇高的理念和人生觀就寫在他們的臉上。然而，他們中即使是那些最聰明，最有才能的年輕人在返回印第安居留區後，迅速退回到了最初的

狀態，又返回到了印第安人的那一套習俗當中，又和居住在他們周圍的那些印第安人處在同一個階層了。他們漸漸丟棄了自己文明的衣著與舉止，重拾印第安方式和印第安人的生活習慣。

在一次大學畢業二十五週年的同學聚會上，有一位同學留給了我深刻的印象。上大學的時候，他曾是同學當中衣著、舉止和儀態方面的典範，但是後來的他卻在各方面退化到了讓人難以置信的地步，從他身上根本就看不出曾經接受過大學教育的痕跡。他的頭髮長得很長，且稀疏凌亂，還有點打結，滿臉絡腮鬍鬚，指甲似乎自從離開大學就再沒有修剪過，總體上給人一種不整潔的感覺。他的衣著寒酸而邋遢，他的談吐、舉止和儀態和他的著裝同樣馬虎、邋遢。實際上，他似乎早已丟掉了大學中所得到的一切東西。我已經絲毫感覺不到他在上大學時的種種優勢，和大學生身上所特有的氣質了。

在和他談話的過程中我才明白，自從畢業後，他就回到了家鄉落後、破舊的農場，一頭扎進了農場的工作中，不再有任何向上發展的意圖，不再進一步提高自己在大學中所學到的知識。他已經幾乎與整個社會隔絕了，他身上已經具有與自己整天打交道的土地的性質，粗糙、僵硬、粗笨。他的理想早已不復存在，面對自己和老同學之間在外貌上、生活

標準上、精神面貌上、思想境界上的巨大差異，他絲毫沒有感覺到難過和窘迫。

許多事情對於理想而言，能產生鴉片般麻木的作用，讓理想沉睡，在理想之上覆蓋了一層薄膜，讓它與新鮮事物隔絕。喜歡過安逸、閒散的生活，生活在渾渾噩噩度日的環境中，喜歡不勞而獲、各種惡習、生活放縱、不良的或不規律的生活習慣等等，許多有毒而誘人的東西都在隨時等待著，伺機將我們拖下水。

很少有人意識到這些東西具有多麼大的危害，能夠在多大程度上削弱一個人的志向，降低一個人的生活標準。每年都有數不清的年輕人帶著滿腔熱情去中、小學和大專院校接受教育，努力工作去開創輝煌的事業。但是有的學生在畢業之後就鬆懈下來了，他們似乎認為自己能夠將大學裡學到的東西全部保留，他們的學業已經徹底完成了。但他們並沒有意識到，實際上他們才剛剛開始。他們高估了自己擁有的一切，讓阻撓自己進步的敵人悄悄溜了進來，那麼，再過十五年、二十年或三十年之後，這些悲哀的年輕人會變生什麼樣子呢？恐怕他們中誰也未曾想到過自己最終會淪落到失敗大軍中去，他們中恐怕不止一個人期待過成功，夢想過有一個光明的未來、美好的家庭生活和一份像樣的事業，他們都是帶著對未來美好的期待上路的。當他們踮著腳尖站在實際生

活的門檻前不停地張望時，眼前的景象充滿光明和希望，他們中許多人期待著能做出一番大事業來。但是，他們竟然會倒退到如此地步！他們的退步是在不知不覺中發生的，他們的理想是漸漸磨滅的，這種變化是如此的微小，以至於並非每個人都能感覺到自己是在走下坡路。說到頭來，他們期待明天會更好，他們相信自己的未來會更好，但是他們卻沒有付出過任何努力，或者沒有付出全部努力，而是讓這份理想隨風而去，讓自己身上那種能夠在未來實現理想的特質一點點流失。

每每想到你的生活或許會像那些懦弱的，放棄理想的人一樣毫無意義、蒼白無力、貧困潦倒，你就會不寒而慄。但是，如果你能緊握自己的理想不放棄，這一切也就無從談起。但是，究竟有多少前途遠大、有才智的畢業生在二十五年後仍然還會像今天一樣不斷進取、進步？說不定有相當大的一部分人已經到了平庸之人的行列，甚至淪落到了失敗大軍的行列中。你堅決肯定，自己絕不會是他們中的一員。

但是人畢竟是世俗之人，光有樂觀的生活態度是遠遠不夠的。對於我們一直以來所推崇的最正確的、最為樂觀的生活態度而言，就連基督本人也未嘗能夠做到盡善盡美，因為祂也未能夠實現自己的理想，讓人類不再失去抱負，不斷退步、失去希望，成為一個失敗者。

盲目的、方向錯誤的樂觀是愚蠢的行為。造物主為我們定好的計畫是一個樂觀的計畫，沒有實現它是我們的錯誤，祂已經賦予我們實現這一計畫的工具，給我們指明了事業通往成功的途徑。

　　理想是其中的一項。它寓於我們身體的每一個細胞當中，上帝賦予人類向上的本能，對年輕靈魂的渴望是上帝在督促我們向著目標的方向前進，如果我們向上的理想沒有付諸實踐，那麼，我們便扼殺了它；如果我們沒有取得進步，我們便破壞阻撓了大自然體現在我們身上的法則。通常來說，阻擋我們通往目標的正是我們自身。

　　世界上最危險的情形便是一個人任憑自己滑向深淵，陷入困境而不去設法自救，努力往上爬。世界上沒有萬能的力量，即便是上帝也無法幫助那些不肯自助之人。理想抱負只是一個能幫助我們向上爬的梯子，但我們必須保證，這架梯子的每一根橫檔都是牢固可靠的。

第十四章　面對現實，更忠於理想

第十五章
習慣為我們編織了命運之網

實際上，人類的一切成就只不過是自身習慣所產生的後果而已。

希臘有一位笛子吹奏家，他對曾師從二流老師的學生收取雙倍費用，理由是，矯正不良習慣要遠遠難於培養新的習慣。

習慣是一種難以抗拒的力量

它牢牢抓著我們按照原來的方式日復一日

—— 拉馬丁[44]

查爾斯·狄更斯在談到自己學習速記法的那段時間時說：「如果沒有嚴格守時、調理、勤奮等習慣；如果沒有堅定的意志力讓我在當時養成了不受外界環境干擾、全神貫注做一件事的習慣，恐怕永遠也不會有今天的我。」

華盛頓從少年時代開始，就訓練自己養成將所學的知識應用到實踐當中的習慣。早在十三歲時，他就極為認真的態度自願為別人抄寫收據、便箋、交換票據、契約、憑單、租賃合約、地契等諸如此類枯燥無味的文件。他在早年時期形成的習慣在很大程度上為他日後能夠成功管理政府事務奠定了良好的基礎。

將人定義為「習慣的集合體」其實自有它的道理，因為人

---

44 阿爾封斯·德·拉馬丁（Alphonse Marie Louis de Lamartine, 1790-1869），法國十九世紀第一位浪漫派抒情詩人。也是浪漫主義文學的前驅和巨擘。代表作：《沉思集》、《詩與宗教和諧集》、小說《一個女僕的故事》、《聖普安的石匠》等。

的一生的好好壞壞就決定於他／她在兒童或少年時期所形成的各種習慣之上。

威廉‧詹姆斯教授說：「如果年輕人能夠意識到，他們用不了多久就會變成一個習慣的集合體，他們必然會在尚未定型之前就更加留意自己的言行。任何一件有德行的事情和邪惡的事情，哪怕它再小，也能在人的心靈上刻下一道痕跡。在傑弗遜的戲劇當中，酒醉的里普范‧溫克爾一次次用『下不為例』為自己不負責任的行為開脫。不錯，他自己可以原諒自己一次，仁慈的上帝或許也會原諒他一次，但原諒他並不等於事情沒發生。他身體裡的每一個細胞、每一條神經、每一個微粒都知道這件事，並將它記錄並儲存起來，誘使他下一次再犯下其他錯誤。」

在我們周圍不難發現有許多這樣的人，他們潛力無窮，卻礙於自身的某種或某些不良習慣，使之無法得到發揮，然而他們卻並未意識到這一點。他們一生感覺自己懷才不遇，因此鬱鬱寡歡，因為他們覺得自己距離理想總是那麼遙遠。他們怨天尤人，責怪命運、運氣、機會、以及所有的客觀因素，卻從來沒有想過自己在早年間就已經養成的某種習慣正是導致自己失敗的根本原因。

一位牧師在一次教堂會眾中，就形成好習慣的重要性一事對孩子們進行了一番演說，他異乎尋常的講述方式給在場的每一位聽眾留下了深刻的印象，讓他的講話內容深入人

心。他將一個小傢伙叫到自己的講壇上來，先後用不同的方式將他牢牢地捆綁起來。第一次，他用一根棉線在這個孩子周身繞了一圈，第二次使用的是合股線，接下來用了一根細繩子，再接下來用了一根粗繩索，最後，他用一根鐵鍊和一把掛鎖將他綁了個結實。當這個被捆綁的小傢伙試圖掙脫時，他發現棉線不費吹灰之力，但是在他掙脫了第一道繩索後，還有接下來的第二道、第三道，直到最後變成了鐵鍊和掛鎖後，他才知道自己已經被困其中，再也無法掙脫了。他用這一系列束縛形象地比喻了一個人身上的各種習慣，有的是能夠擺脫的，而有的則伴隨終生。

　　這位牧師對他的演示解釋道：「我想，在場的每一位男孩子和女孩子都不會忘記今天我給大家上的這一課，我要告訴大家，一個人的思想、行為、習慣、個性特質和命運之間有著密切的連繫。」

　　一個自由之人和一個奴隸；一個積極向上的靈魂和一個怯懦無望的心靈，其差別就在於後者的習慣開始於一根微不足道的棉線，逐漸升級成為枷鎖。

　　布魯厄姆公爵[45] 曾說：「我相信，除了上帝之外的一切事物都稱得上是習慣。在這一點上，任何年齡的人，不論他是立法者還是一校之長都不例外。他們通常都會傾向於自己的

45　布魯厄姆公爵 (Henry Peter Brougham, 1778-1868)，英國政治家、上議院大法官。

習慣，喜歡用駕輕就熟的方式做事，將一切困難歸類於離經叛道。如果你習慣於冷靜，那麼自然就會憎惡放縱；如果你習慣於謹慎，那麼，無論是對於孩子或成年人，粗心大意不檢點都會被視為最令我們頭痛的不良行為。」

　　從某種程度上來說，生活本身就是由一系列習慣構成的。想想看，人的一生雖說可以跨越兩個世紀，但仍是多麼的短暫，能夠獲得的成就仍是那麼少。在習慣的幫助之下，我們在很大程度上就成為了一部自動行為的機器。比如說，如果我們想要走路，我們無需停下來故意去想著走路，然後先將一隻腳向前邁，再將另一隻腳向前邁。再比如說如果我們想要開車、游泳、站起來、坐下或者進行穿衣、洗澡之類的日常事務，我們無需刻意去計畫安排自己的肌肉做出不同的運動來完成以上的各種行為，因為這一切行為早已經成為了一種習慣性動作，所以，我們無需多想，自然而然就完成了這些動作。

　　偉大的演員、藝術家、音樂家、作家和商人所具有的天賦讓他們能夠創造出絕世佳作，可對於門外漢來說，這一切簡直就是不可思議，但這其實也是一種成型的習慣，是一種無休止的重複。一些著名的音樂家淋漓盡致的表演在我們看起來簡直就是奇蹟，但是這種表演所必備的技巧卻來自於每一天連續數小時的苦練，將無數次的重複轉變成為了一系列習慣性的動作。

那些只滿足於做一個藝術人而不是藝術家的庸才們，他們不願意付出藝術家所必需的代價，他們不願意進行無數次的重複練習。相信習慣的力量在很大程度上是藝術家的一筆財富。

不斷重複是人類的本能和習性，這種本能和習性在我們睡著時、心不在焉時，以及做出重大行為決策時，都會發生作用。能夠正確利用它，並且親眼看到它為我們帶來成就是一件令人感到驚嘆的事情。一個年輕人若是能夠有系統地形成良好的習慣，那麼，他定能夠將自己的效率和能力提高許多倍。他可以訓練自己的神經系統，讓自己養成自覺去做許多事情的習慣，因此，將精力和時間節省下來，去做其他一些更重要的事情。他可以養成一些好習慣，讓生活潔淨、美麗，也可以養成一些將他送入收容所或救濟院的習慣。

不斷地重複積極的行為和創造性的思維，直到這種大腦活動的過程成為了一種習慣，這個時候，一個人主要的、具有創造力的、積極向上的個性也就形成了。一個人的思維習慣往往會促成他強悍有力或軟弱妥協的個性。如果他具有自信、自我肯定、果斷的心態，他必然會變得強壯、富有創造力。如果他思想中潛藏有懷疑、猶豫、不確定、不信任、自卑、自貶、自暴自棄的想法，那麼，他必定會成為一個消極、無能的人。所以說，問題的關鍵就在於他的習慣性思維模式是什麼。

我們常聽人說起，是命運限定了我們的一切，但真正決定著一個人命運的卻是他／她的習慣，我們千萬不可陷入這個觀念的盲點。我們能夠做的就是被自己的習慣、熱情、道德取向、心理慣性牽著鼻子往前走。習慣包攬了你生活中的一切，習慣永遠不會停止它的作用，無論我們是醒著還是睡著，它都會不停地將無形的繩索纏繞在我們思想上、個性上，一圈又一圈。不論這種習慣最終帶給我們的是好運還是噩運，它都會逐漸控制我們，我們今天刻意去做的事情明天做起來就會輕車熟路，再過一天就會成為在不知不覺中做了的事情。

　　我們所說的命運之網，其實是我們自己用習慣性思維和行為編織起來的一張網。許多人都在抱怨，為什麼自己不成功，為什麼幸運的事情總輪不到自己的頭上，但他們有所不知，自己這樣或那樣的習慣形同桎梏一般限制了他們，讓他們無法取得自己想要的進步。

　　威廉‧艾倫‧懷特[46]曾說：「人的習慣性思維便是他的生活態度。他的這種理念會在無意識中影響到他周圍的環境。」

　　誰也無法估計，究竟有多少人毀在了年輕時形成的壞習慣上，比如說結交那些思想低俗、不求上進之人，閱讀那些低級不健康的、腐化思想、讓人意志消沉的書籍。有數以百

46　威廉‧艾倫‧懷特（William Allen White, 1868-1944），美國著名報業編輯、政治家、作家、美國進步主義運動領袖。

萬的失敗者如果從一開始就養成了良好的習慣，定會取得輝煌的成績。他們都贊成這樣一個觀點——「神學所描述的死後在地獄裡所遭受的苦難，無論如何也比不過在世之時就生活在我們親手打造的人間地獄中，是我們錯誤的方式讓我們形成了不良的習慣，不良的習慣鑄就了我們不健康的個性。」

不同的人在個人能力和效率上存在著巨大差異，其原因就在於早年間個人行為習慣的培養方面存在差異。在良好習慣中逐漸累積起來的力量會讓一個訓練有素的人如虎添翼，能讓他的生活錦上添花；沒有什麼專業技能的人通常會貽誤自己的工作，生活給他的回報也相對較少。

我們可人為地左右自己的意志，將它用於自己喜歡的方面，尤其是在年輕的時候。我們可以將這份意志力用於培養真摯、誠實的習慣，也可以將它用於養成虛假、不誠實的習慣；它可以讓我們成為一個真正的人，也可以將我們變成一個畜牲；它可以打造一個英雄，也可以促成一個膽小鬼。它可以堅定我們的決心，讓我們不斷使出自己的力量，創造奇蹟，也可以在我們的優柔寡斷和一次次的坐失良機中漸漸消失，讓生活徹底成為敗筆。它可以對你產生強制作用，直到你勤奮和勇於實踐的習慣已不可動搖，直到你再也無法忍受閒散和遲疑。但它同樣也可以讓一個人無所事事，無精打

采，不願意再去付出努力，讓成功成為一件永遠不可能實現的事情。

　　赫伯特·史賓賽[47]說，一個人的性格在七歲以前就形成了，所以一個人年齡越小，習慣就越容易培養。固定作息時間的習慣、規律飲食的習慣、玩耍的習慣、喜歡哭鬧或活潑愛笑的習慣、聽話的習慣、愛乾淨或不愛乾淨的習慣、有系統有條理或懶散雜亂的習慣、敷衍的習慣、玩忽的習慣、盡可能將事情做徹底的習慣或半途而廢的習慣，所有這些習慣都可以在一個人很小的時候就培養形成。

　　在培養年輕人的過程中，我們不可以忽略任何一點小小的細節，因為它很可能就會成為一個人生活中的習慣。要透過日常生活中的點點滴滴讓孩子幼小的心靈知道，認真做好每一件事是很重要的，繫鞋帶也不例外。

　　我知道有這麼一個男孩，他從不繫鞋帶。他說他不會繫鞋帶，所以他也沒辦法，只能隨它去。這個男孩沒有在應該學會繫鞋帶的第一時間裡學好這件事，現在，他的媽媽可以在五分鐘之內教會他如何繫緊鞋帶，這樣他的鞋帶就不用總是散著了。但是，他的媽媽並沒有這樣做，所以這個男孩還

47　赫伯特·史賓賽 (Herbert Spencer, 1820-1903)，英國哲學家、社會學家、作家。他為人所共知的就是「社會達爾文主義之父」，所提出一套的學說把進化理論適者生存應用在社會學上尤其是教育及階級鬥爭。但是，他的著作對很多課題都有貢獻，包括規範、形而上學、宗教、政治、修辭、生物和心理學等等。代表作：《馬丁·伊登》。

在繼續浪費他的時間，每隔幾分鐘就得停下來擺弄自己的鞋帶。

這只是一件小事，但卻給了我們許多啟示。它告訴我們，習慣是怎樣形成的，這個男孩子很可能會形成散漫的性格特徵，那麼，他在更大、更重要的事情上或許也會表現出這種散漫的態度來。他的媽媽或許並不理解，他或許永遠也不會意識到，在第一時間內學會正確做一件簡單的事情會對他未來的生活產生什麼樣的影響。

許多打字員的打字速度上不去，就是因為在剛開始學打字的時候，沒有掌握正確的指法。這不僅妨礙到他們的工作，而且還妨礙到他們的收入。同樣的工作量，他們需要花費的時間和勞動往往是技術高超的打字員的兩倍，而且還要付出更多的精力去達到理想的效果。肯花費心血在鍵盤上苦練指法的人得到的是充分利用手指的優勢，而那些一瓶不滿半瓶晃蕩的人卻只能用到一兩個手指。

在跨出生命中第一步的時候，就學會認真對待每一件事情極為重要，我們從人生的第一步中就能看出這個人到老會是什麼樣子。

只要看一下一個辦公室打雜的年輕人的日常工作情況，我們就不難推斷出他日後會成為哪一類型的人。如果他身上已經形成了一些不良習慣，如果他不思進取、工作馬虎、懶惰，如果他總是犯愚蠢低級的錯誤、規避責任、為自己找藉

口，那麼這些壞習慣就很可能會伴隨他終身，成為他生命中的一個部分。一個差勁的辦公人員、信使、同一個差勁的商人、律師、醫生、農場主人、機械工程師沒什麼大的差別，都是些對自己的本職工作一知半解的人，只能修修補補過日子，永遠無法達到成功的人。

阿加西[48]教授只要看到已滅絕物種的一塊骨頭，就能夠在腦海中勾勒出這種動物的整體骨架，雖然這種生物早在人類出現在地球上之前就已經滅絕了，但阿加西教授仍然能夠說出這種動物生活在哪裡，如何生活，以及它的一、兩種重要習性來。同樣的道理，今天的心理學家也能夠透過一個人生活中的一、兩種習慣描述出一個陌生人的思想狀態，其準確程度令人嘆為觀止。不僅如此，心理學家還能預測到，如果將這些習慣繼續下去，將會給這個人帶來什麼樣的後果。

最能夠影響到一個人命運的，莫過於習慣對他／她的作用。我們都是自己個人習慣的產物，習慣在延續了多年以後，就會變得難以戰勝、壓倒一切。許多尚在讀書階段的孩子並沒有意識到，一次不認真的作業，一個不工整的字母，或一節沒有認真聽的課，會讓自己逐漸形成難以擺脫的、束

---

48 讓‧路易‧魯道夫‧阿加西（Jean Louis Rodolphe Agassiz, 1807-1873），十九世紀瑞士裔植物學家、動物學家、地質學家和教育家，以冰川理論聞名。根據他對冰川運動的觀察，他首先提出，在大冰川時期，地球的北半球中大部分都被冰川所覆蓋。同時，阿加西還是一位有影響力的老師和學者，他推動了美國自然歷史研究極大的發展。阿加西湖就是為了紀念這位偉大的科學家而命名的。晚年反對達爾文的進化理論，並堅持人種多起源理論。

手無策的壞習慣，這些悲劇往往會在自己中年時期再度上演，嚴重阻礙自己的成功，這條自然規律是很難更改的。幼年時所做的每一件事，包括每一個寫下來的字母、每一件想要去做的工作、每一天的學習以及生活中每一個不自覺的行為，這一切既可能是我們的朋友也可能是我們的敵人。在我們前進的道路上，它既可能幫助到我們，也可能會妨礙到我們。

拉格比的一位男孩因字寫得太差受到了老師的教訓，但是他卻反駁道，「有許多天才的字跡比我還要潦草。根本就不值得為這種小毛病擔憂。」十年後，他成為了克里米亞的一位軍官，他在抄寫一條命令時由於字跡潦草，難以辨認，導致許多勇敢的戰士為此而喪生。

培養習慣不僅僅是在培養我們未來的生活環境和命運，還有我們未來的自我。

一個受過高等教育和職業培訓，一直在努力戰勝一切困境的年輕人，接受了一個不是十分適合自己的職位。他絲毫沒有想到過這樣做會降低自己的理想，會降低自己辨別是非的標準，更令他感到震驚的是，過了一段時間後，人們竟然把他看作是一個愛說謊話的人。然而，他連做夢都沒有想到過，自己會養成說謊話的習慣，但是，哪怕再小的一個謊言，不管這個謊言是為了商談成功還是為了得到一個訂單而說，它都會在人的神經、大腦組織中留下一條痕跡，還沒等

你意識到，說謊就已經成為一種習慣行為。

　　一位優秀的心理學家說，「將許多次飲酒累加起來，一個人就會成為一個長年的醉鬼，同樣的道理，無數次的練習和工作可以成就一位思想道德聖人，一個科學或文學方面的專家。」

　　是一個人的習慣決定了他／她的個性特徵。我們應該牢記，壞習慣的魔爪無比堅固，我們都知道，要戒除已經根深蒂固、已經成為自己生活和生命中一個部分的不良習慣有多難。

　　有一個故事講的是丁尼生[49]戒菸的事。當朋友取笑他總是戒不掉菸時，他說，「只要願意，誰都能戒掉吸菸。」可是他的朋友還在繼續懷疑他、取笑他。最後，他宣布，「好吧，從今晚開始我不再吸菸。」說著，將自己的菸斗和菸草扔出了窗外。第二天，他無精打采，第三天，誰也不知道該拿他怎麼辦。那天晚上，他去了花園，撿起散落在地上的菸草，將它們塞入摔破的菸斗中，於是，他一下子又恢復了往日的幽默。從那天開始，他就再也沒提起過戒菸的事。

　　習慣在初始之時就好比是一根看不見的細線，但是我們每重複一次同樣的行為，就會為這根細線加上一根合股的

49　丁尼生（Alfred Tennyson, 1809-1892），英國詩人，生於林肯郡薩默斯比，就學於劍橋大學。他的主要詩歌成就是悼念友人哈勒姆（A. Hallam）的哀歌《悼念》（In Memoriam, 1850），其他重要詩作有《尤利西斯》、《伊諾克·阿登》和《過沙洲》、詩歌《悼念集》等。1850 年 11 月 19 日，丁尼生就任英國桂冠詩人。

線，一直到最後它變成了一根粗繩子，將我們的思想和行為捆綁得結結實實，動彈不得。

人們常常這樣說，「每一次心理活動中，大腦細胞都會做出相應的安排，調整成特定的模式，每重複一次同樣的行為，這種模式就會進一步得到加強，就會讓它變得越來越容易，直到最後成為一種下意識的行為，在不自覺中不斷重複著。人的神經系統有一種特性，每隔一段時間就想要重複某種規律的行為的模式。心理學家告訴我們，許多精神疾病的發作都是有規律的，如果我們在每一天的同樣時間段裡做同樣的事情，我們就會發現，自己到時候就會自動進入這種狀態，無需任何準備。」

青少年時期教育和習慣培養的主要目標應該是訓練神經和大腦系統，讓它們在日後成為自己的同盟軍而不是敵人。我們養成的各種習慣影響著我們一生的工作，或者是生活本身，讓我們的生活要麼成為傑作，要麼一團糟。

如果你想要在最大程度地發揮自己的潛力，盡可能地實現自己的理想，那麼，你就要養成自我提高的日常習慣，即有抱負的習慣，豐富思想、拓寬眼界的習慣，在生活的各個方面不斷加強能力的習慣。

就拿讀書一事來舉例說明吧。想想看，如果我們一直以來都在刻意選擇一些最佳的閱讀材料，而不是不加選擇地碰

到什麼讀什麼，那麼，這種習慣會對我們產生什麼樣的影響呢？讀好書會對一個人產生終身積極向上的影響，熟悉最優秀的文學作品能夠迅速對一個人產生影響作用，提高他的品味，它擴寬人的思想面，讓人更加心胸寬廣，神清氣爽，提高一個人的整體才智。

習慣於結交積極上進的朋友也是同樣重要的一件事情。如果我們選擇的朋友能夠激勵我們不斷進步，如果我們盡可能和那些能開闊自身眼界、促進自身才能的人，那些強於我們的人，那些有更多機會讓我們學到知識的人交往，那麼，我們就會處在一個永遠能吸收到新鮮思想的學校中，在這裡，我們會在不知不覺中受到影響，去仿效他們優秀的特質。

我們不能忽視嚴格要求自己、盡最大努力將事情做好的習慣，有了這種習慣，你會在不自覺中提高能力和效率，這種提高不單單是在事業上，你的個性和成就也會相應進步。

一個養成良好生活習慣的人，一個原則性強的人往往會在生活上表現出高尚的特質。他會在習慣的推動之下，自然而然地過著規範的生活。如果他能夠在任何地點、任何環境下都能盡全力做正確的事，如果他已經養成了有始有終的好習慣，如果他因出色地完成自己經手的每一件事而出名，如果他讓自己的思想保持純潔高尚，讓他的心胸開闊而慷慨、

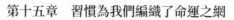

無畏而誠實，如果他總能保持向前看的趨勢，那麼，他定能成為一代偉人。他生命中的每一天都將為美德寫下新的篇章，他將在各方面取得全面的成功。

如果你不具備從小養成的良好習慣的優勢條件，反而在年輕時或中年時沾染上了一些不良習慣，那麼，你要麼就下定決心徹底擺脫惡習，要麼你就放棄獲得成功的機會與可能性。

克服長期形成的習慣的確不是一件容易的事情。但實際上已經有千千萬萬的人最終戰勝了幾乎毀掉自己生活的不良習慣，他們不論是什麼性別，年齡多大，但都用實際行動證明了他們做得到。潛藏在我們心靈深處的神聖的力量永遠都強大於有害行為與習慣的力量，不論它曾多麼肆無忌憚地控制著我們的生活。

對於大多數想要擺脫不良習慣，培養良好習慣的人們來說，最大的問題就在於他們並不知道該如何來使用這種神聖的力量。他們沒有意識到這種潛在的力量，對於意志力的使用程度尚未到達一半。意志力是上帝贈與我們的一根槓桿，有了它，人類便可以上升到和上帝同樣的高度。有的人的決定是軟弱無力的，蒼白的，他們並沒有在這份決心中投入足夠的精力和力量。

著名的戒酒演說家約翰·B.高福[50]憑藉著自己鋼鐵般的意志改掉了飲酒的習慣，他有一次談起一個朋友是如何徹底擺脫吸菸這個幾乎毀掉他健康的習慣的。

高夫先生說，有的時候，「再吸一根」的欲望令他痛苦不堪，他只能去咀嚼洋甘菊、龍膽、甚至牙籤去緩解菸癮帶給他的巨大折磨。在他感到最困難的時刻，他買了一支菸，將它放在口袋裡，不是去咀嚼它，而是讓它和自己做個伴。誘惑是如此強烈，他忍不住將菸捲從口袋裡掏出來，嚼上一口。但是，在他將菸捲放入嘴裡之前，他心裡產生了一種神聖的衝動，他盯著這支菸看了一會兒，這時候，他強大的意志力幫助了他，於是他將菸捲扔掉，大聲呼喊，「你只不過是一株菸草，而我是一個男人！如果我下了決心，我就能戰勝你！」

透過不斷使用自己的男子氣概，自己的意志力，他的確戰勝了菸癮。

你要對任何妨礙你、阻撓你進步的習慣大聲宣布，「我是一個男子漢，我發誓我要戰勝你！」要堅信自己的力量，不斷對自己說：「我的身上有一種神聖的力量，上帝在創造我的時候，就早已經為我貼上了和祂同樣的標籤，所以只要我不主動放棄，就定能夠戰勝這些事情。從現在起，它不會再有

50　約翰·B.高福（John Bartholomew Gough, 1817-1886），美國禁酒運動時期演說家。

任何力量，我是自己的主人，我的習慣由我自己說了算。除了對我有幫助的習慣外，我不會容忍任何不良習慣。」

世界上有這麼多人無法改掉嚴重損害到自己陽剛之氣或陰柔之美的壞習慣，讓他們無法前進，一個原因就是他們並未使用自己的意志力，或者他們只不過打算在某個特定的時間段裡放棄這種習慣。

現在，只有一種方法可以徹底扼殺壞習慣，也就是說要切斷一切支持壞習慣的來源，讓它徹底消失。對於壞習慣我們絕不能心慈手軟，要逐漸與它徹底決裂，要勇敢自信地打擊敵人。你要按照威廉·詹姆斯教授所提議的方式，將自己從陋習中解放出來，重新培養一個良好的習慣。

他說：「我們必須要小心謹慎地、盡可能想辦法與過去養成的習慣奮戰。我們必須盡可能利用能夠加強良好動機的外在環境；我們必須堅持不懈地鼓勵自己開闢新的方法；我們必須下定決心不與舊事物為伍；我們必須利用各種有利管道讓自己更為堅定。這一切將會給我們的新開端帶來一個良好的形勢，讓我們盡可能地堅持自己的決定，我們只要多堅持一天，中途改變的可能性就會更小一些，只要我們能一直堅持下去，改變決心這類事就永遠不會發生。然而，在新的習慣形成之前，我們絕不能對自己破例，每鬆懈一次就相當於讓一個小心翼翼繞了半天的線團掉落在地上 —— 一次鬆手的

代價就是重複繞許多圈。」

這便是習慣的自然規律。只要稍一放縱，壞習慣很快就會重新在你身上發揮威力，將你牢牢控制。要想徹底擺脫，唯一的一種方法便是下定決心退出，以後和對你有害的東西再沒有半點關係。如果你認認真真去執行自己的決定，並切斷自己所有的退路，那麼，這種堅決的態度定然會喚起你潛在的強大力量，雖然你很可能它的存在一無所知。但是，只要你還心存一絲僥倖，認為如果舊的習慣實在是難以抗拒，不妨稍稍放縱一次，那麼，你戰勝它的機率就會大大降低。只要你姑息自己的敵人或者是向自己的敵人妥協，你就無法完全得到這種偉大的力量源泉 —— 潛藏在你內心深處的神聖力量。

不論誘惑有多大，你都要告訴自己，你憎惡毀掉你生活的事物，那麼，你潛意識中的自我將會聽從你的建議，即使在你睡著時，你的不知疲倦的同盟軍仍然在為你工作。波士頓伊曼紐爾運動的領導人埃爾伍德·伍斯特博士說，他已經幫助許多孩子克服了壞習慣，方法就是當孩子們處在睡眠狀態時，給他們的大腦提出良好的建議。

他說：「我的方法就是用溫柔低沉的聲音告對睡眠中的孩子講話，告訴他，我有話要對他說，然後，他就會聽我說。但是，我的話既不會打擾孩子睡覺，也不會將他吵醒。接

著，我就把我要說的話講給他聽，用不同的表達方式重複幾遍，透過這種方法，我已經讓許多孩子克服了兒童期特有的害怕，讓他們改掉了許多壞習慣。我能夠讓孩子們不再說謊話，也不會再因此而緊張、抽搐、憤怒、使用暴力、失望，我還改善了口吃兒童的表達能力。」

在你晚上入睡前，當你早晨醒來時，以及在白天的多個時間裡，你都可以不斷提醒自己的潛意識，你才是自己的主人，任何不良的習慣都休想征服你。告訴自己，「我是征服者，不是被征服者。我身上有一種神聖的力量，我絕不能成為壞習慣軟弱、可憐的奴隸。作為上帝之子，我擁有聰明的大腦，我是一個男子漢，強壯、成功、快樂，能夠自由支配自己的意志。我能夠掌管自己的靈魂、自己的身體和自己的生活。獲得成功是我與生俱來的權利，沒有任何陋習可以將它從我身邊奪走。」

每當你酗酒、吸毒的習慣，或者其他一些惡習對你說，「再喝一次吧」、「再吸一次吧」、「再來一次，就徹底抽身」時，你要大聲對自己宣布，你不想再要這些東西了，它們是你生命和成功的敵人，他們損耗你的精力、影響你的工作、毀掉你的事業，這樣一來，你就可以驅走這些不好的欲望。你要告訴自己，「我不需要這次飲酒，它已經是毒害我身體的敵人了。」「我不會再沉溺於這種可怕的毒品中了，它會讓我

生命的源泉枯竭，讓我永遠也無法成為一個真正的男人。如果我仍然陷入這些惡習中難以自拔，我就不可能實現自己最大的價值，也不可能過上美好的生活，我要永遠和它們說再見，重新找回我自己。我在這裡要宣布自己繼承了造物主賜予我們的神聖力量，這種力量讓我有能力打敗一切有損於男人氣概、阻礙我成功的敵人。這種聖潔的力量就孕育在我身體中，上帝與我在一起，我能夠實現自己的理想。我能，並且願意克服一切阻礙我進步、削弱我的個性、讓我喪失氣概的困難。」

很少有人知道，自我建議、強烈的自我宣言有一種巨大的創造性力量，「我」、「我是」、「我能」、「我要」是一種充滿了熱情與信心的自我肯定。但是，凡恰當應用過這種方法的人，從來沒有懷疑過它的效果，再頑固的惡習也敵不過一個人堅強的意志。

不論你已經形成了什麼痼疾，也不論你的意志多麼薄弱，無法克服它，你都能夠從自己身上找到戰勝它的方法。或許你的習慣危害極大，或許你僅僅有些在某種程度上有礙於發展的小毛病，但不論是什麼，你都能擺脫它。只要你能夠發掘出潛藏在自己內心深處神聖、崇高的力量，你就能將自己的弱點轉變成為強項，你就能把阻礙成功和幸福生活的敵人轉變為自己的幫手。

第十五章　習慣為我們編織了命運之網

第十六章
為你打開一扇門

> 無論你現在多麼貧窮，但如果你抱有良好的心態，相信
> 富有是自己與生俱來的權利，貧窮終將會遠你而去，那
> 麼，你定會有發達的一天。
>
> —— 奧里森‧斯威特‧馬登

「看哪，我為你打開了一扇門，誰也不能將此門關閉。」

下次當你感到憂傷憂鬱時；當你感到生活似乎舉步維艱時；或者當你看到自己深愛的人極度缺乏生活資料，但你卻無能為力時；當你認為命運對你不公平，所以你憎恨厭惡生活時，你不妨想一想上帝對你許下的這條神聖的承諾：「看哪，我為你打開了一扇門，誰也不能將此門關閉。」

這扇為你打開的門意味著你走出困境的出路，意味著一切問題的解決方法，這是一扇造物主為我們而開的大門，任何人都不能將它關閉。這個承諾並非只許給少數祂所偏愛的人，這個承諾是許給每一個人的。上帝為你打開了一扇門，而你自己是唯一能夠將這扇門關閉的人。

生活需求是最讓人類感到頭痛的一件事情。在我們所焦慮、所害怕的事情當中，有很大一部分和謀生有關，它是我們所面對的最嚴肅的問題之一。但是，如果我們不再無知，或者能夠建立起一些適當的社會、經濟組織，情況可能就會大不一樣。雖然我們被財富所包圍，但賺錢謀生問題卻仍然讓為數眾多的窮人所堪憂，甚至害怕。

地球上有豐富的資源，只需要利用其中的一小部分，大多數居民的日子就一定會比今天過得更好。實際上，這個世界上根本就沒有完全赤貧的地方，也就是說，在這個地球上，就算是在最貧瘠，看似最為荒涼的地方也有潛在的財富存在。如果人類知道如何去開發，即使是撒哈拉大沙漠裡也很可能蘊藏著寶藏。如果能有豐富的水資源，最荒蕪的沙地也會成為伊甸園。

　　這個世界上絕大部分的貧窮與苦難不僅僅是由於人類的無知所引起，更多的時候，是由於人類的自私、貪婪，不願與他人分享、不公平地對待他人的辛苦勞作、各種急功近利的行為所導致。地球上有大量的財富等著人們去開發，而大部分上帝之子卻在為謀生問題感到煩惱、困惑、不快樂，這可真是一件匪夷所思的事情。

　　在這個世界上，大量的財富被少數人聚斂，而其他人則終日裡埋頭苦幹，卻仍然難逃飢寒交迫的命運，這樣的事情當然不合理；少數人揮金如土，驕奢淫逸，而芸芸眾生則飽嘗缺衣少食的痛苦，這樣的事情當然不合理；成千上萬的人從來沒有靠自己的勞動創造過任何有價值的東西，卻在肆意揮霍著別人用汗水換來的財富，這樣的事情當然不合理。人類被豐富的自然資源所包圍，這些資源足夠讓每一個人都過上舒適幸福的生活，然而，卻仍然有人在不斷忍飢挨餓，甚至連最基本的生存必需品都沒有，由此可見，有些事情的確

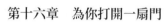
從根本上不合理，從根本上助長了我們的無知，支援了我們錯誤的經濟結構，滋生了人類的貪婪、自私和不公正。

問題的根源就在於我們並不信任上帝對我們許下的承諾。我們只是在不斷在重複這幾個詞，但我們從來都沒有理解它要表達的真實含義。我們認為這種承諾好得簡直讓人無法相信，就好像每次聽別人說起天上掉餡餅的事情一樣，感覺「太好的事情不會是真的」。我們認為這種承諾也只不過是曇花一現，因為美好的事物都是短暫的，也就是說，在某種程度上，我們總認為這個承諾根本就不屬於我們。

前幾天，我對一個抱有這種觀點的人說：「朋友，你現在最大的問題是你根本不相信好的事情會發生在自己的身上，你並不相信自己有一天會發達起來，擁有富足的生活。自從我認識你以來，你就一直出於勉強度日，只是能糊口的狀態中，在你看來，這樣過日子是一件理所當然的事情。但你的想法恰恰是錯誤的，上帝想必並不希望自己的孩子過著這樣的生活。這個世界上豐富的資源足以讓每一個人類獲得幸福，生活富足，貧窮只存在於你的思想中。就算是滿足了每個人的需求，地球上的資源也不會因此而枯竭，可你為何還要認為你所需要的那麼一點點財富是在癡人說夢呢？你為何還要抱有這樣的愚蠢想法呢？對於上帝的孩子而言，再好的事情也不為過。」

有一個新英格蘭的人，也屬於這種類型。最近他對一個朋友說，他正在為自己的老年生活做打算，他現在節約，目的就是希望自己將來不至於成為一個「窮苦不堪的老頭」。他並沒有希望擁有舒適的生活，只是希望能有一個棲身之處，能夠填飽肚子足矣。

在他眼中的未來是黑色的、沉重的、不快樂的，只不過就是一副苟且偷生的景象，而不是美好生活的場景。有人問他，你為什麼不努力去儲備一個快樂、非常舒適的老年生活呢？他回答道：「唉，那又有什麼用呢？我知道舒適的生活並不屬於我，如果我能想辦法走出貧民區，就已經是萬幸了。」

不幸的是，教堂在無意中為人們灌輸了一個徹底錯誤的財富觀念。幾個世紀以來，基督一直被描繪成為一個愁苦、貧窮、苦難重重的男子。「狐狸尚有三窟，天上的鳥兒亦有巢穴，可人類的孩子卻找不到可以安睡的枕頭」「有錢的人進入天堂要比駱駝穿過針眼還難」，諸如此類的說教是人類長期以來耳濡目染的東西，所以，千千萬萬的人都認為，擁有大筆的財富是一件錯誤的事情，是自私的表現，是在無視這個世界上的一切苦難。曾經有一個時期，太有錢的人總有種深深的罪惡感，有錢人被看作是不誠實的人，人們認為有錢人不可靠，不能將公共事務委託給他們。

不論是在哪個時代，總有一些人痛恨財富，將它視為腐化道德、與人類崇高的品格格格不入之物。這些人其實是混淆了富有與貪財之間的差別。

今天，我們正在學習如何正確區別這兩種情形。社會最大的目標之一就是杜絕貧窮以及伴隨貧窮而來的種種罪惡。我們知道，金錢並非罪惡之源，它其實是為人類謀福利的手段，只有那些思想邪惡、揮霍濫用金錢的人才是不道德的人。同樣的道理，我們不能僅僅因為有許多人濫用藥物，用它來謀殺或自殺，就去指責它或禁止醫生用它來恢復人們的健康。

造物主已經將支配這個世界的權利賦予全人類，而不是特殊階層的人，這是一個到處充滿財富的世界，一個具有無限發展潛力的世界。因為總有一些人無比貪婪，為了壟斷這個世界上絕大多數的財富，不惜損害到他人。這些人絕不會承認一個事實，即造物主所給予我們固有的權利，我們有權擁有快樂，擁有舒適美好的生活，因此，他們才要擺出一副面孔，讓我們覺得擁有這一切是在蓄意不軌。

一個人即使是從沒見到過魚在水中遊動的樣子，他也會明白，魚鰭只能在水中發揮作用，在空氣中毫無用處。實際上，魚的整個身體結構都表明，它只能生活在水中，絕不能生活在空氣中。而人的整個身體結構則表明，人生來就是要

征服大自然，主宰周圍環境的，人絕不能被大自然征服。貧窮並非人類的自然屬性，我們身體中的一切都在與它對抗。我們憎恨貧窮，我們深知，貧窮阻礙我們的發展，削弱我們的潛能，它會讓我們成為一個侏儒，而不是成為一個巨人。

　　一個失業的人，忍受著各種身體或精神殘疾的人，是時刻處在恐懼中的人。因為他們不知道另一扇門為他們而開的門在哪裡，因為他們不知道什麼時候自己最愛的人就會需要自己的幫助，這樣的人絕不可能利用和開發上帝賦予他們的潛能。如果一個人滿腦子想的淨是些和貧窮相關的事情，前怕狼後怕虎地過日子，那麼，他絕對不可能將工作吸引到自己身邊來，更談不上賺到鈔票之類的事情了。一個被欲望統治的大腦絕不會是效率高的大腦。

　　如果一個人總是害怕失敗，總停留在欲望的心理陰影中，或者確實受到了欲望的困擾，心情極為壓抑，那麼，他的整個精神狀況就會表現出萎靡不振，思想就會變得消極，就會失去創造力。一個沮喪消極的人什麼事情也做不成。要想有能力應對一切突發狀況，找到解決辦法，我們首先要讓自己的思想到達一個積極活躍的層面，要抱有希望和愉快，要滿懷信心和期待。如果一個人總能保持這樣一種思想狀態，渾身散發出自信和積極的氣息，那麼，他必然會帶著目標去做計畫，必然會開創新的局面。

哥倫布之所以發現了美洲大陸，並證明了地球是圓的，就因為他是一個積極勇敢的人。當其他水手警告他，他最終會駛向海洋的盡頭，然後掉落下去時，是他的信心給他以力量，讓他穿越了一切尚處於未知狀態的大西洋。如果一個人堅信，定然會有一扇門是為自己而開，這扇門通往光明，讓他擺脫飢餓與黑暗，那麼，謀生問題將不再讓他感到害怕。

　　「看哪，我為你打開了一扇門，誰也不能將此門關閉。」這是上帝給我們的神聖承諾。造物主為每個人打開了一扇門，而唯一能夠關閉這扇門的人只有他自己，再惡劣的環境也無法做到這一點，任何災難、失敗、戰爭、火災或水災都無法將這扇門關閉，唯一能夠將這扇門關閉的，只有不信任、沒勇氣和不相信上帝。

　　我們都聽說過這樣一些男性或女性，在這個世界上，不論情況多麼不利，條件多麼艱苦，任何力量都無法長時間困住他們，讓他們沮喪。他們就像哥倫布一樣，任何事情都無法令他們喪失勇氣，再大的不幸、再可怕的困難也無法關閉前方那扇為他們而開的門。每一天都有無數勇敢的靈魂用自己的信念與勇氣克服重重障礙，用事實來證明這個承諾的真實性。

　　我要講一講這樣一位女性。一直以來，這位女性都過著富裕豪華的生活，但是，當丈夫失去了健康和財富之後，她發現自己幾乎什麼都沒了。日子一下子拮据起來，這個幾乎

從來不知道工作是什麼滋味的女人不得不親自動手做家務，不僅如此，她還得想辦法增加家裡的收入，否則日常的生活開銷就難以維持。

　　她是一位具有藝術氣質的女性，家務事情對她而言根本就是又苦又累的活，尤其是下廚房，對她來說實在不是滋味。但是她已經下定了決心，一定要忍受這些自己所無法忍受的東西，而且還要心甘情願地忍受。有了這種精神，她決定讓這些工作更具科學性，如果可能的話，這樣還能夠增加一點收入。有了這樣的生活目標，她開始學習食物的營養成分與化學特性，以及它們的營養價值。她深入研究人體各個組成部分的器官組織，了解它們的性質和功能。她按照不同的人群的需求，將食物分類，其中包括為兒童骨骼、神經系統生長發育提供需求的最佳食物、最適宜已經停止生長發育的年輕人的食物、預防血管硬化以及器官老化，能夠保持青春的最佳食物。實際上，她已經將自己培養成了一位營養飲食專家，一位通曉全部食品問題的女主人。她的這份活力不僅為她帶來了健康，還為她帶來了士氣、成功和幸福。

　　她的研究和學習為自己開闢了一個廣闊、神奇的知識領域，給她的生活賦予全新的意義。她讓平凡乏味的廚房變成了一個神奇的世界，一個妙趣橫生的科學仙境。剛開始時她視為乏味勞動的工作竟然變成了無盡的快樂源泉。她發現，

這一切不僅僅豐富了自己的收入，還讓她找到了自己的事業，讓她擁有了滿足感和理想，讓她得到了前所未有的快樂。

除了你自己以外，任何障礙、任何困難、任何逆境都無法讓上帝的承諾落空。有許許多多的人正在做著這樣的事情——自己將這扇門閂起來，卻在門外徘徊，想不通這扇門為何始終緊閉，想不通到底是什麼將它閂得如此之緊。

如果你認為自己喪失了機會，如果你認為在這樣一個美麗的地球上，竟然沒有任何機會留給你，如果你不試著進入這扇開著的門，而只是坐在那裡一味地抱怨自己的壞運氣，抱怨自己的苦難，你當然會關上這扇門，你也不會感覺到上帝對你的承諾，因為你並不符合必要的條件。

世界上有這麼多的人過著拮据、小氣、赤貧的生活，一個原因就是他們總在懷疑、害怕、焦慮，缺乏自信。這樣的心態會讓他們失去吸引力。有的人在不停地討生活，卻自己奴役了自己。他們總在躲避朝他們迎面而來的好東西，如果他們不認為自己在這個世上除了貧窮，一無所有，那麼，這些好東西早就是他們的了。這樣的人隨處可見。如果他們擁有一個正確的心態，大量的財富很可能早已湧向了他們，但實際上，是他們親自趕走了這一切。

每當我們想到，地球上這種和上帝享有同一形象，集宇宙間一切靈性於一身的生物，只因缺少信心，便落到了航

髒、凌亂、衣衫襤褸、住茅草屋的地步，竟然會飢寒交加、失魂落魄、處處碰壁，這難道不是一件可悲可嘆的事情嗎？讓上帝的形象以窮人的形式出現，這簡直是對造物主的侮辱，簡直是在給上帝的形象抹黑。上帝讓你成為了祂的子嗣，你卻虧欠了上帝，同時也虧欠了你自己，你只有改變自己的狀況，才能對得起自己的這份遺產。你應該像一個回頭的浪子，回到父親的家中，那裡的食物豐富有餘。那裡還有財富、幸福、快樂、成功等著你。當你知道了父親的宮殿已經向你敞開了大門，邀請你進入時，你還願意繼續吃著粗糙的穀殼，過著悲慘、邋遢的日子嗎？

　　好好看看你自己、看看你的情形和周圍的環境吧，記住，解決你一切問題的答案其實就在你自己的身上，你的信心並非來自於社會。公司、大的信託機構無法阻礙你進步，你的周圍的一切都在支持你，幫助塑造你的信心，這和信託機構的成長是同一個道理。你暢遊在智慧的海洋裡，吸收各種潛在的能力，按照你自己的意願塑造自己。今天，有許許多多的人，他們外在的客觀環境遠不如你，然而他們卻靠自己的努力改變了自己的命運，並讓家人過上了富足的生活。其實，在你所渴望的事物當中，有許多東西是你力所能及的。你與全能的上帝有著千絲萬縷的連繫，在你的思想、志向、勇氣的協助之下，你能夠利用一切有利條件來獲取自己

追求已久的東西。就把現在作為起點，你不需要任何外界幫助，利用你自身擁有的工具，用不了多長時間，你的情況就會產生革命性的變化。

一個擁有七萬五千美元年薪的人，他在剛開始時，也不過就是一個窮苦男孩。他說，成功的祕訣之一就是不懼怕貧窮，保持平和的心態。

所以，你不能說自己的起點不好，你只需擺脫恐懼。是恐懼令你無休止地在厄運的魔爪之下掙扎，是恐懼讓你無法戰勝它。這種恐懼來自於人們錯誤的認識，總認為自己對謀生問題能力欠缺，害怕自己養不了自己，害怕自己養不了家人。我們其實並不相信，上帝關注著世間一切微不足道的生命，讓大自然更加美妙，祂也會讓我們過上豐衣足食的生活。我們總是在害怕，世界上沒有足夠的財富來關照到每一個人，所以，必須有人缺衣少食，我們必然是受罪的那些人。這種說法聽起來似乎有上帝區別對待祂的孩子的意思！上帝似乎並沒有為這個世界提供無限的財富！

為什麼迄今為止，我們只利用了土地資源或其他資源的皮毛而已，我們似乎對大量有待開發利用的財富一無所知。我們不妨想一下從物理科學、化學領域裡不斷發掘出來的財富，這些都是上帝帶給我們的奇妙恩賜；我們可以想一下電給我們的今天的世界帶來了什麼，雖然我們還未曾充分深入

地利用到它的力量，而它僅僅才是大量未開發的財富、資源其中的一小部分而已。

　　我們不斷在發現新的寶藏，新的資源和能源，然而大多數人卻仍然在痛苦呻吟，在哀號奔走，拉長著臉抱怨我們來到這個世上，卻不得不終身在貧窮、限制、壓抑的條件下生活。不論我們走到哪裡，面對哪個方向，四周都充滿了無限的資源，所以，我們根本就沒必要為謀生這種問題擔憂。

　　假如我們所有的可耕種土地都能夠像著名的法國市場花園那樣得到充分的利用；假如世界的所有農業國家都能精耕細作，那會有什麼樣的結果呢？誰又能想像得出，光靠土地中生產出的農業產品，就能讓這個世界上幾百萬，幾千萬年的人過上富足的生活。為什麼我們還沒有達到潛在的文明程度呢？因為我們自己本身還是沒有完全成熟的孩子。我們最偉大的科學家、教育家、化學家，人類當中的佼佼者，就連他們這些人也不過就是海邊玩沙子的小孩而已。不論他們創造了什麼奇蹟，不論他們有什麼偉大的發現，在浩瀚的知識星空中，這些都是微不足道的，就算是最聰明的人，無限的可能性對他們而言，仍是個不解之謎。

　　如果你的父母很富有，住在美麗的大廈裡，而你又是他們的獨子，那麼，假如你一直呆在離它很遠的草棚裡，整日裡要靠穀殼草根，或其他你能找到的東西度日，你會感到滿

意嗎？我們都知道，誰也不會傻到這個地步，除非他瘋了。然而，這不正是我們中許多人正在做的事情嗎？——創造我們的上帝正等著要把宇宙間的一切好東西給我們，而我們卻過著拮据、小氣、貧困潦倒的生活。

不再為生存問題擔心害怕，永遠不用為明天的晚餐而焦急——這是人類最大的願望。但是我們卻面對著一條錯誤的道路，不但沒有朝著這一目標前進，反而和它背道而馳。但是，就在人們走錯了方向，每走一步就會距離財富更遠，距離貧窮、焦慮、失敗更近時，他們仍然不明白自己為何不成功，為何沒有發達富有。

我們可以想一下，如果一個人從來都沒有期望過單純生活資源以外的東西，而且總是在談論賺到足夠的錢讓一家人過上舒適的生活有多麼難，總是在不停地擔心，自己所愛的人什麼時候會來向他要東西，那麼，他會給自己的生活帶來什麼樣的影響呢？這種心態只能將他所擔心的東西帶給他。約伯告訴我們，他所擔心的事情總是會發生。我們所擔心的事情之所以會發生在我們頭上，原因就是這種擔心讓我們和它建立起了關係，這和我們所期待的事情，努力想要獲得的事情是同一個道理，這是千真萬確的。

說到競爭獎學金，我們常常聽有些學生這樣說：「我打算要競爭獎學金，但我知道，它不會是我的。當然了，我不會

傻到認為自己是幾百名學生中唯一能拿到獎學金的那一個，但不管怎樣，我要試一試，說不定我還可以呢。如果真拿到了，那我太幸運了，如果沒拿到，我也不會再去多想。」

在應聘某個工作上也是如此。我們常常聽人們說，他們要去競爭某個職位，但他們知道，自己不可能得到它。有那麼多競爭對手，自己恐怕連表現的機會都沒有，而且，他們也沒有那麼幸運，會被選中，因為好運氣從來不屬於他。

這些人並沒有意識到，他們這種懷疑和恐懼的表現，以及過多考慮損失方面的事情往往會消耗他們大量的精力，讓他們所付出的努力事倍功半。如果他們帶著希望、自信、期待獲勝的心態去追求自己渴望的事物，他們付出的努力也必然會更多，更堅定。得到某樣東西的唯一途徑便是全心全意、帶著自信、竭盡全力為之付出，只有傾情奉獻的球員，才會贏得全場觀眾的喝彩。如果一個人有所保留，心存懷疑，有所顧忌，猶豫不定，他定然不會全力以赴。

有這麼多人忍受貧窮，但貧窮其實是被人們貧窮的想法吸引而來的。在無數的家庭對話中，我們總能不斷聽到「買不起」、「實在是沒辦法」之類的內容。「哦，我這也買不起，那也不敢做。今年我們必須想點辦法。我們不得不留一點機動的餘地。莊稼可能會歉收。明年生意可能會不好。也許會有什麼事情發生，我們得節省點。我們要為日子不好過的時

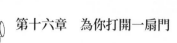

候做打算。」

　　當然，過分的奢侈浪費應該被禁止，因為這樣做是在犯罪。對未來有個明智的預料以及合理的理財計畫在任何時候都是有必要的，但是，許多人都長期受到這種「我買不起」生活觀的影響，這種觀點只能滋長人類小氣、狹隘、吝嗇的本性。

　　那些總是害怕未來，總是認為前面的航程布滿岩石、淺灘、暗礁以及各種危險的人；永遠在為壞日子做準備的人已經失去了生活的全部樂趣。他們並不知道這種「我負擔不起」的思想是如何讓他們變得狹隘，讓他們的生活每況愈下的。他們總是不停地想著，並且談論自己這也買不起，那也買不起；這裡也去不起，那裡也去不起；買不起書本雜誌，也不敢去做任何增加人生閱歷，讓生活更加豐富多彩的事情。這樣一來，不論他們有多少金錢，最終還是一個乞丐。他們就像《芝加哥先鋒報導》雜誌上一位匿名作者在一首打油詩中所描述的那位「吝嗇男」那樣，

　　「他從不肯休息一天
　　　因為他覺得休息不起
　　　他從不肯燙褲子
　　　因為他覺得燙不起
　　　他從來不肯離開座位
　　　自由地看看遠處的大地

看看這個世界　是多麼美麗

因為他覺得離開不起

他從沒看過戲

因為他覺得看不起

他把對藝術的愛　拋在了腦後

因為他覺得愛不起

最後他死了　財產留給了兒孫

但在他長眠的地方

竟然沒有一塊明顯的墓碑

　　—— 他的子女認為

墓碑太貴買不起。」

　　這種「負擔不起」的習慣比其他任何習慣更能夠讓人的思想貧瘠、蒼白，讓人的生活更加狹隘。這種即便是需要的東西，這也也不能買，那也不能要的思想會日益加重，還沒等你意識到，你已經切斷了自己的供給來源。不僅如此，你還會落得一個小氣吝嗇的名聲。人們對你不滿，認為你達不到現代生活的要求，其實反映出的是你的經商能力。它表明了你的收入比不上其他人，它證明了你對上帝的意圖缺乏信任。

　　《日常所需小訣竅》的作者說：有一天傍晚，盧瑟看到一隻小鳥棲息在樹上，打算就在這個枝頭上過夜。他感慨道，「這隻鳥兒已經吃過晚餐了，現在牠打算就在這裡睡覺，安全又滿足。小鳥從來沒有為下一頓飯在哪裡發愁過，也沒有

為明天又該在哪裡過夜而煩惱過。牠就像大衛一樣，在萬能
的主的庇護之下，快樂滿足地站在枝頭，就讓上帝來照顧牠
吧。」

　　對於人類的謀生問題而言，這是一則多麼富有寓意的故
事啊。小鳥從來沒有考慮過自己應該怎麼做，也沒有擔憂過
自己和雛鳥們的巢穴與食物。它們自然且堅定地認為，天地
之間自有它們所需要的一切，事實的確如此。那麼，上帝會
虧待我們嗎？如果我們信任自己所膜拜的上帝，那麼，我們
還會質疑祂的承諾嗎？「看哪，我為你打開了一扇門，誰也不
能將此門關閉。」

第十七章

將勝利寫在臉上

「如果你臉上是一副失敗者的樣子

又有誰會支持你呢？」

—— 奧里森·斯威特·馬登

你知道嗎，如果你想要獲得一些偉大的成就，那麼，你不但要堅信成功是你與生俱來的權利，而且還要用你的表情、你的行為舉止和你的言行將它展現出來。

如果一個人臉上總是帶著失敗者的表情，那麼，他就不會成為一個勝利者。他不僅要感覺到自己是個勝利者，而且還要把這種感覺寫在臉上、用行動表現出來。他必須用自己特有的表情將他的感覺展示給每個人。

人群當中，我們很容易就能一眼就看出誰是成功者。如果他真的是一個領導者，那麼，他邁出的每一步，每一個動作都會不言自喻。他渾身上下的每一個細節都洩露了他的內在特質。他的表情與舉止充滿了自信與肯定；他走路和談話的樣子都很有王者風範，每個人都知道，他相信自己，相信自己身上擔負的使命。

幾年前，兩個年輕人同時從紐約一家公司離職，其中一個人來到我這裡尋求建議。還沒等他開口說話，我就知道一定發生了令他倍受打擊的事情或其他什麼不幸的事情，因為他的面部表情早已將這一切表露無遺。只見他一副愁眉苦臉的樣子，簡直就像是突然之間身無分文，失去了所有的朋

友。他的整個人毫無吸引力，垂頭喪氣、步履沉重，身上的衣服髒兮兮、皺巴巴。他告訴我，他覺得自己的運氣一直受到了壓制，他說自己幾年來一直受雇於同一個機構，一直在勤勤懇懇地工作，老老實實地做人，可最終還是被炒了。所以在他看來，重新奮鬥一次用處不大，因為他認為自己在有經驗的工作中尚且無法勝出，在其他工作中又如何能夠成功呢？他的自我感覺已經將自己鎖定在失敗者的範圍之內，他說自己在城市裡闖不出一番事業來，恐怕永遠也不行，所以，他覺得自己還是再回到農場上吧，雖然他討厭那裡。

很顯然，我的這位來訪者此刻正出於極度的不安、消沉和壓抑中。我竭力告訴他，在他目前這種狀態之下，恐怕誰也做不出什麼有價值的事情來，也不可能讓自己的情況有大的改觀。他必須改變自己的整個心態，培養自己的征服者特質。

又過了幾天，我碰到了另外一個年輕人，他和前面所講的那個人在同一家公司工作，也在同時被解僱，和前面這位來訪者遭遇了相同的厄運。但他的身上卻絲毫沒有頹廢的痕跡。他的衣著整潔，精神飽滿，臉上沒有失敗的表情，他的心態是成功者的心態，他的眼神裡透出堅定、幾乎是桀驁不馴的目光。他看起來很快樂很振奮，我猜想，他一定是得到了一個好的工作，然而他卻告訴我，他仍然在找工作。但他又說，他相信自己用不了多久就能找到一份更好的工作，對

此他從來沒有懷疑過。他用自信，但又不狂妄的語氣說，他會讓解僱他的人看到自己究竟放棄了什麼，要證明給他看，自己是一塊合夥人的材料。他並不打算長期做職員，也不打算長期從事某個固定職業，他打算要爬到最頂端，親自做老闆。他希望自己一直能夠引起他前任雇主的注意，讓他看到自己的進步！

如今，這個年輕人自己有了企業，我相信，他一定會比他的前雇主做得更強、更大。總有一天，他會成為一個大公司的總裁。時間將會證明，他比解僱他的人更具管理才能，更加勇往直前、更有創新才能、更具首創精神、更加足智多謀。

由此可見，這兩個雇員身上具有的不同素養決定了這兩個人之間命運的差異，一個是獲勝者，而另一個是失敗者。成功者是在哪裡跌倒，就在哪裡爬起來，然後用更堅定的意志繼續前進的人；是一個百折不撓，愈戰愈勇的人；是一個永不言敗的人。對於這樣的人來說，暫時的挫敗根本算不了什麼，只不過是他生活中的插曲而已。獨立戰爭中的華盛頓吃過的敗仗要遠多於勝仗。但是華盛頓將軍從敗仗中悟到的東西比別的將軍更多，在敗仗中，他成為了一名英勇的鬥士。失敗為他在日後最終取得成功奠定了基礎，讓他學會了運籌帷幄，讓他的作戰計畫更加無懈可擊，更加用兵如神。他總是能把自己的弱點轉化為優勢，實際上每一個成功之人

大都經歷過這樣的過程。

　　我的朋友，如果你正在尋找一個工作，或在追求其他東西，就不要在臉上露出失敗的痕跡。如果你這樣做了，每個人都會認為，你注定是個失敗者。雇主和大多數人都希望和成功者，而不是和失敗者打交道。如果你去應聘一個工作，雇主看到你臉上並無勝利者的表情，他很可能會對你說，「十分抱歉，我想這個工作並不適合你。」

　　一定要記住，雇主要尋找的是具備成功潛質的人，一個藐視一切困難，做事情不受外界環境干擾的人，一個能夠銷售產品的人。他要尋找的，是具有創新精神、穩定、勇於開拓、精力充沛的人。他想要的人是渾身充滿鬥志和活力，骨子裡堅定，並且能夠向全世界展示這些特質的人。你是這種人嗎？如果是，為何不讓每個人都看到呢？

　　如果你希望得到別人的幫助，你絕對不能走到哪裡都以一副失敗者的面目示人。你絕不能留給人們一個印象，表示你此時運氣不佳，急需一份工作，只是你對自己沒有太大的信心，對自己的能力也持有懷疑的態度。如果你臉上帶有失敗的表情，如果你在心態上承認了這一點，如果你表現得像一個一無是處的人，如果你的言談舉止、你的態度上沒有表現出贏家的氣度，如果你沒有將足夠的活力與力量注入自己的生活中、你的外表中、你的舉止中，那麼，你留給他人的

印象必將不利於你，人們必將不相信你。如果你沒有表現出自己的力量和決心，人們就不會信任你，而我們的成功在很大程度上取決於他人對我們的評估。

《裁縫奮鬥史》是一部在紐約連續上演數月的戲劇，該劇曾紅極一時。劇中的主角約翰·保羅憑藉著自己能夠處處擺出一副成功者的架勢，從一個裁縫學徒工迅速成為了鐵路鉅子的合夥人。

這部喜劇反映的是真實的生活，正因為如此，才會有大量的人前來觀看，劇場裡才會每晚爆滿。當然，我在這裡並非是要讚許他的某些手段，我只是想說，這部喜劇描述了約翰·保羅很投入地扮演他想要成為的角色，從而得到他想要的一切。它充分說明了一個生活中的道理：保持勝利者的態度具有不可思議的力量。

一個生來的贏家無論走到哪裡，都能留給人們一個有能力的印象，這是他做人的方式。人們選他出來，讓他解決各種問題，任何事情只要有他參與，肯定能成功。凡做大事情的人，創造歷史的人，都是那些將自己看作勝利者的人，在人們眼裡，他們是征服者。我們都知道，是我們對他們的期許讓他們成為了締造成功的人。他們臉上有勝利的表情，他們的外表與自己在生活中扮演的角色無比吻合，表現得就像一個習慣於做大事情的人。

當威爾遜總統從巴黎和會上返回美國，途徑紐約時，一個人對我說：「他看起來很時尚，對吧。他的穿著、打扮都很恰當，他走起路來的樣子和他的每一個動作看起來都像是一個重要人物。」

　　我的朋友，你為何不讓自己也看起來如此呢？當然，不可能人人都是美國總統，但是我們每個人都可以在自己的工作職位上或者職業領域中占據一個重要位置。只要是涉及到工作品質的事情，我們都可以到達同行業的最高水準。即使我們在自己的行業中並不是最大的，但我們仍要擁有自己的氣派。我們應該把自己看作是神聖力量的繼承人與獲利者。我們是上帝的一個部分，所以，不應該如此看輕自己。如果我們來到這個世界上，卻未能證明自己是上帝的孩子，那麼，這就是一種罪過；如果我們碌碌無為地度過了一生，沒有做出過任何有意義的事情，那麼，這就是一種恥辱。

　　我的朋友，你應該在你的同伴當中，在生活的各方面，都表現得像是一個身處要職的人物，就像威爾遜總統那樣。你必須將你的尊嚴、你的自尊、你的與生俱來的神聖權利都表現出來，這一切對你都至關重要。你是上帝派到這個世界上來完成某項特殊人物的使者，你在祂的偉大計畫中占有一席之地。你在生活的舞臺上有明確的角色，你必須要像一個真正的男子漢，像上帝之子那樣，承擔起自己的責任。

如果你的外表和舉止表明了你是不可戰勝的，如果你能夠讓看到你的人感覺到，你的表現能關係到一個公司的生死存亡，你一旦著手某一件事情，就必然會將它圓滿完成，那麼，你就擁有了一筆可觀的財富，這一財富要遠勝於任何貨幣資本或者來自某個人的特地關照或支持。另一方面，如果你的外表讓人感覺你是一個弱者，你缺乏穩定性和定力；如果你留給人們的印象是能夠被輕易打敗，當戰爭進行到白熾化的時刻，你卻畏縮不前或投降敗陣，那麼，人們就不會信任你。他們會認為你不可靠，你的個性軟弱，不太可能會成功。所以，他們對你的態度也會相應發生改變。

　　我們在評估、衡量、考核一個人的時候，會將全部因素都考慮在內，而這一切均來自於他留給我們的印象。一個人面對生活的態度、他的整體舉止風格、他對待工作的態度、他的生活哲學、他做事情的效率，這個人能否給人以思想獨特、做事徹底的印象，或者是他給人以缺乏管理能力、系統性、條理性和效率性的印象。在評估一個人的時候，所有這一切都是列入考慮範圍的因素。因此，我們可以大致估量一下，這個人到底是一個生活的勝利者還是失敗者。

　　說我們想說的話，做我們想做的事。成功並不僅僅靠的是意志力，其他人會在無意識當中多多少少幫助我們向前或拖著我們向後。人們對我們的評價可能會促進我們先前發

展，也可能會阻礙我們的發展進程。他們對我們的看法和說法影響著我們的信譽、我們的公司、我們的主顧和客戶、我們的立場、我們的聲譽。

人類是彼此密切相關的社會群體，沒有人能夠單槍匹馬取得多大的成功。我們彼此互相依靠，不僅僅是因為每個人都在為社會做貢獻，從整體上支持這個社會，而且個人的成功也離不開人們的互相幫助。我們的成功與失敗在很大程度上和別人對我們的看法有關。

如果你想要獲得成功，你就要保持一個成功的心態，留給人們一個好印象。你要對自己的未來、志向、夢想抱有勝利的期待，要抱有一個成功者的態度。你要學會釋放自己的力量，讓你的一切都散發著自信、力量、勝利、王者的魅力，讓每一個和你有關的人都看到，你是天生的贏家。

任何時候，你都不能以一張灰心喪氣的面孔出現在人們面前，給人感覺你一直生活在失望當中，你沒有什麼特別的志向，你期盼的是失敗而不是成功。如果你在任何事情上都想要勝過其他人一籌，如果你想要在這個世界上擔當一定的責任，如果你希望自己的鄰居為住在你家附近而感到驕傲，那麼你就絕不能再把自己看作是一個百無一用的人，一個不幸運的人，一個備受踐踏、毫無機會的人。你必須去掉身上寒酸、卑微的影子，用你理想中的形象，用上帝自己的形象

去取代它。如果你希望自己突破現有的一切，那麼，你就要一直將自己想像成為你渴望已久的最佳形象。

　　不要等到明日再做改變，明日復明日，明日何其多。現在就打起精神來，從各個方面開始做起。保持自己的品味，不要像個失敗者那樣邋裡邋遢，不修邊幅。穿上自己最好的衣服，精神振奮，抬頭挺胸，充滿鬥志。當你走出去的時候，一定要讓這個世界看到，你是一個自我感覺良好的人，你有理由這樣做。要讓每個人都看到，你明白自己來到世界上的崇高使命，你在生活這場戲劇中扮演的是一個高貴的角色。要告訴每個人，你並沒有辜負自己與生俱來的神聖權利。

　　每當我聽到年輕人談論他們很可能會失敗之時，心中總免不了有些惆悵，因為這種說法是對上帝的不忠。原因何在呢？對於一項重大的任務而言，擁有年輕本身就意味著勝利者、前途光明者和先驅者。年輕意味著勝利是因為每一個正常的年輕人外表看起來都更加有朝氣、更向上。年輕人有衝勁，他們有一種奮力向上爬的本能。年輕人的身上充滿對未來的希冀與對遠大前程的渴望。

　　從最積極樂觀的角度去解釋，成功是每一個人生來的權利，人是為成功而活著的，成為一個失敗者有悖於造物主的意願。不論是哪一個孩子，我們都應當從他／她一出生起，

就教育他／她，讓他／她明白自己是神聖的，是未來的「上帝」，自己帶著上帝的消息來到這個世上，因為自己是上帝派來的信使，時間一到，就必須將祂的訊息傳遞給人類。要讓他／她明白，與各種困難奮鬥就好比是在體育場上接受訓練，只有透過訓練，獲勝者的肌肉才會更加強壯，才會讓下一步的訓練更加容易，並保障訓練效果。要讓孩子明白，讓每一個問題在學校就得到解決，每一個舉動都要恰當、有禮貌，要出色完成每一項作業，這一切都會大大增加他／她獲勝的能力，提高他她／成功的可能性。

我們應當教育每一個年輕人，讓他們能夠用一個勝利者的態度對待生活，表現出一副勝利者的姿態，因為我們具備獲勝的力量。當他為自己的生活做好準備之時，他應該抬起頭來，帶著自信向前走，並且要堅信，自己定會為這個世界做出卓著的貢獻。

如果你想要打造成功的生活，那就不要再去談論失敗、貧窮和差勁的身體，拋掉你那副失敗者的表情。你要談論成功，想著成功，表現得像個成功之人，臉上帶有成功者的神情。你要談論健康，想著健康，因此讓生命中充滿健康而不是疾病。要在腦海裡時刻想像自己想要成為的那個人，做你想去做的事情。既然著手了一件事，就不要去想那些不利於它的事情。你要時常想著自己所追求的東西 —— 發達、富

足、成功、健康、快樂，不要再去琢磨疾病的苗頭，想一些醜陋的、令人不悅的事情。讓你的大腦中充滿積極、向上、具有建設性的思想，讓你的整個態度、穿著、舉止風度、談話，你的一切都遵照你想要成為的那個人。

在這個世上，態度至關重要。面對工作，你是戴著一副長勝將軍的姿態，態度堅決、信心十足、毫不動搖、興高采烈地接受呢，還是沒等工作開始，你的腦子裡就已經充滿了搖擺不定、膽小怯懦、懷疑害怕的思想，你就已經面帶憂愁，露出了失敗者的神情？

只要你不斷用樂觀的態度、勝利者的姿態來支持自己重大的想法和理想，用不了多久，你就會吃驚地發現，你的情形已經發生了很大的改觀。你在身體鍛鍊方面所付出的努力會給你帶來全新的感受，會提高你的效率。你很快就能看到你所期待的事情，而不是你所害怕的事情，你的夢想開始向現實轉化。

在成年人當中，最難克服的困難之一，也是最能影響到效率和成功的弱點便是接受失敗的習慣，不去想盡一切辦法與困難戰鬥，從而最終勝出的習慣。

最初的時候，失敗只是偶爾的遭遇，程度也很輕。但是，除非我們有能力將絆腳石轉變為墊腳石，否則，我們會逐漸習慣於遭遇失敗。除非我們性格中有某些東西讓我們在

經歷失敗後更加堅定，讓我們願意為成功付出更多艱辛，否則，每一次失敗只能讓我們更麻木，更無所謂，直到最後，失敗就會成為一種習慣。到那時，我們的自信會消失，我們的志向會偃旗息鼓，我們就會自然而然地、輕而易舉地滑向失敗者的行列。

我們應該教育每一個孩子，讓他們明白，善於征服、把想做的每一件事情做成功是非常重要的習慣，是讓我們受益終身的習慣。培養這種習慣幾乎和養成失敗的習慣同樣容易，一旦這種習慣成型，它就會變成一種本能，支持著我們，直到我們勝出為止。當獲勝成為一種習慣時，你自然就會表現得像個勝利者。

人，只有在學會用勝利的態度對待生活之後，也就是說，只有在他明白要永遠面向勝利、絕不面向失敗後，只有在他具備了「米拉博」式的心態之後，才真正完成了自己的教育過程。米拉博[51] 如是說：「我們只有事事處處取得成功，才能稱自己為『人』。永遠不要不屑於某些事，也不要認為自己一無是處。只要願意，萬事皆有可能。」

---

51 「我們只有事事處處取得成功，才能稱自己為『人』。永遠不要不屑於某些事，也不要認為自己一無是處。只要願意，萬事皆有可能。」

官網

國家圖書館出版品預行編目資料

非自卑者驅動力：魔鏡原理 × 流浪貓意識 × 大腦效率 × 吸引力定律，跟著成功學大師培養積極思考力，讓你的每一瞬間都帶著正面情緒！ / [美] 奧里森·馬登（Orison Marden）著；邊曉華 譯 . -- 第一版 . -- 臺北市：崧燁文化事業有限公司 , 2023.05
面；　公分
POD 版
譯自：You Can, But Will You?
ISBN 978-626-357-327-7(平裝)
1.CST: 成功法 2.CST: 生活指導
177.2　　112005533

非自卑者驅動力：魔鏡原理 × 流浪貓意識 × 大腦效率 × 吸引力定律，跟著成功學大師培養積極思考力，讓你的每一瞬間都帶著正面情緒！

臉書

作　　者：[美] 奧里森·馬登（Orison Marden）

翻　　譯：邊曉華

發 行 人：黃振庭

出 版 者：崧燁文化事業有限公司

發 行 者：崧燁文化事業有限公司

E-mail：sonbookservice@gmail.com

粉 絲 頁：https://www.facebook.com/sonbookss/

網　　址：https://sonbook.net/

地　　址：台北市中正區重慶南路一段六十一號八樓 815 室
Rm. 815, 8F., No.61, Sec. 1, Chongqing S. Rd., Zhongzheng Dist., Taipei City 100, Taiwan

電　　話：(02)2370-3310　　傳　　真：(02) 2388-1990

印　　刷：京峯彩色印刷有限公司（京峰數位）

律師顧問：廣華律師事務所 張珮琦律師

─版權聲明───────────────

定　　價：375 元

發行日期：2023 年 05 月第一版

◎本書以 POD 印製